Karl Johannes Lierfeld

Ein Log-In für die Matrix

Karl Johannes Lierfeld

Ein Log-In für die Matrix

Brain-Computer Interfaces als Brücken zwischen Protein und Silizium

projektverlag.

Bibliografische Information der Deutschen Nationalbibliothek

Die Deutsche Nationalbibliothek verzeichnet diese Publikation in der Deutschen Nationalbibliografie; detaillierte bibliografische Daten sind im Internet über http://dnb.d-nb.de abrufbar.

ISBN 978-3-89733-586-8

www.projektverlag.de

Foto auf dem Cover: Das Bild auf dem Cover wurde durch „DeepAI" erstellt.

Inhaltsverzeichnis

Vorwort

Der Physikalismus in all seinen Ausformungen und Derivaten, aber auch die gesamte Phalanx seiner Konkurrenten haben es bisher nicht geschafft, eine dringend benötigte vereinheitlichende Theorie des Bewusstseins zu liefern, die sowohl in sich kohärent ist als auch mit allen Grundannahmen der physikalischen Realität, soweit wir sie kennen, kompatibel ist. Eine Grand Unified Theory (GUT) scheint unerreichbar zu sein, und es ist sogar unklar, ob nicht das wesentlichste Problem des Bewusstseins – nämlich wie es aus bloßer Materie entsteht – eine a priori unbeantwortbare Frage darstellen könnte.

Anstatt dem bereits vielfältigen Kanon fehlerhafter Bewusstseinstheorien eine weitere nicht überprüfbare Bewusstseinstheorie hinzuzufügen, erscheint es sinnvoller, die Perspektive der Forschung zu hinterfragen. In der Tat könnte die Wissenschaft das grundlegendste Problem des subjektiven Bewusstseins – die Konversion von objektiven Daten in subjektive Erfahrung – seit jeher aus dem falschen Blickwinkel betrachtet haben. Bis jetzt haben weder die Ansätze des Physikalismus noch die gegensätzlichen der Erkenntnistheorie und der Bewusstseinstheorie (vor allem Illusionismus und Idealismus) eine Ahnung über die genauen Modalitäten dieser Konversion. Es ist sogar ein relatives Novum, den Vorgang *Konversion* zu nennen.

Da sich die Wissenschaft als unfähig erweist, die ungreifbare Frage des menschlichen Bewusstseins und die Bedingungen seiner Entstehung aus Materie überzeugend zu beantworten, könnten wir uns stattdessen darauf konzentrieren, zu verstehen, warum dies offenbar der Fall ist. Denn wenn alle bekannten Maßnahmen ständig scheitern, könnte die Grenze, die man hier zu überschreiten versucht, tatsächlich eine fundamentale Barriere darstellen. Die Neuronen-Ebene, spezifischer die Mikrotubuli, verkörpern diese Barriere in der Hirnphysiologie. Bis zur Ebene der Mikrotubuli sind die Vorgänge bei der Entstehung bewusster Hirnprozesse weitgehend verstanden, auch wenn hier die ein oder andere erbitterte Kontroverse ausgefochten wird. Darüber hinaus eröffnet sich der Raum des Opaken: Die Sphäre des Bewusstseins, die der amerikanische Psychologe Julian Jaynes so treffend als „mind space" beschreibt. Wird dieser „mind space", wo Qualia und subjektive Erfahrung entstehen und erlebt werden, jemals von Brain-Computer Interfaces oder anderen Technologien zugänglich gemacht werden können? Oder stellt die „neuron-mindspace-barrier“ eine a priori unüberwindliche Grenze dar? Die Frage lautet also: Werden uns Brain-Computer Interfaces – quasi als „Gehirnlese-Geräte“ – bald in die Lage versetzen, auch die Qualia und das Bewusstsein des Menschen zu entschlüsseln?

Danksagung und Widmung

Ich danke meinem Verleger Dr. Fred Pusch für das mittlerweile jahrelange Vertrauen und die gute Zusammenarbeit.

Vielen Dank an CAPP (Centesimus Annus pro Pontifice) und insbesondere an meinen früheren Co-Autoren Dr. Dr. habil Thomas Rusche für den stets inspirierenden Austausch.

Danke an meine Mutter dafür, dass Du immer an mich glaubst.

Danke an meinen Vater dafür, dass auch Du immer an mich glaubst.

Danke an meinen Onkel Matthias und meine Tante Frieda für die bereichernden Gespräche über physikalische Grenzbereiche und vieles weitere.

Nicht zuletzt vielen Dank an eine ganz besondere Frau.

Vielen Dank auch an meinen Doktorvater Prof. Dr. Lutz Ellrich, an meine gute Freundin Soolmas Kashani für den fachlichen Austausch, an Wilhelm Vossenkuhl, Orsolya Friedrich, Benedikt Grothe und Ophelia Deroy für die Beratung und Unterstützung.

Weiterhin möchte ich den Mitgliedern der KI-Forschungsgruppe am CST (Center for Science and Thought)/Bonn, geleitet durch Charlotte Gauvry, für den regen Austausch danken – und die Gelegenheit, meine verrückten Ideen in Eurem Kreis auf den Prüfstand stellen zu können.

Zu guter Letzt möchte ich Alice Moustier herzlich danken für ihre tatkräftige Unterstützung und unbeugsamen Optimismus bei zahlreichen Unternehmungen.

Einleitung

„Jeder gute Mathematiker ist mindestens zur Hälfte ein Philosoph, und jeder gute Philosoph ist mindestens zur Hälfte ein Mathematiker."

Gottlob Frege, deutscher Mathematiker und Philosoph (1848-1925)

„Wer sich für die Beziehungen zwischen Gebieten interessiert, die nach der üblichen akademischen Einteilung verschiedenen Fachbereichen angehören, wird nicht, wie er vielleicht erwartet hätte, als Brückenbauer begrüßt, sondern von beiden Seiten als Außenseiter und lästiger Eindringling angesehen."

Rudolf Carnap, deutscher Philosoph und Logiker (1891-1970)

Da der folgende Text an der Schnittstelle zwischen Philosophie, Physik, Mathematik, Neurowissenschaften und vielen weiteren Wissenschaftszweigen angesiedelt ist, birgt der ihm innewohnende interdisziplinäre Ansatz seine eigenen Vorzüge und Gefahren. Es bleibt zu hoffen, dass die Lektüre eher Gottlob Freges berühmten Chiasmus als Rudolf Carnaps desillusionierte Beobachtungen unterstützt.

Die Vorstellung von einer Brücke zwischen Protein und Silizium ist durch die Entwicklung von Gehirn-Computer-Schnittstellen oder Gehirn-Maschine-Schnittstellen (Brain-Computer Interface = BCI/Brain-Machine Interface = BMI) zur Realität geworden. Die breiten und vielseitigen Anwendungsmöglichkeiten dieser Art von Schnittstellen erwecken den Eindruck von Allmacht; es scheint nicht viel zu geben, was BCIs/BMIs nicht leisten könnten, wenn sie erst einmal ausgereift sind. Die Schaffung dieser Brücken zwischen Geist und Maschine birgt allerdings ernsthafte ethische Herausforderungen, da ihre Anwendung die persönliche Integrität, Identität und Verantwortlichkeit beeinträchtigen könnte. Vor allem der Bereich der affektiven BCI wirft eine Reihe von ethischen Fragen auf, die sich auf ihren Einsatzbereich beziehen: menschliche Gefühle und Emotionen. Welche Arten von Anwendungen sind wünschenswert, welche sind unbedingt zu vermeiden? Und welche der ambivalenten Anwendungen dürfen nicht verboten werden, sondern sind an eine freiwillige, vom Individuum zu treffende Einverständnisentscheidung gebunden?

Um diese entscheidenden Fragen zu klären, müssen wir angemessene ethische Normen und Vorschriften formulieren – und dürfen damit nicht warten, bis Brain-Computer Interfaces Einzug im Mainstream gehalten haben und damit zur Normalität geworden sind. Das Hauptproblem ist zum Teil semantischer Natur, denn für den größten Teil der problematischen Terminologie gibt es keine klaren Definitionen. Es existiert keine allgemein akzeptierten Definitionen von subjektiver Identität, Bewusstsein, Persönlichkeit, Qualia usw. Die Schärfung und Feinjustierung unserer sprachlichen Mittel wird einige Zeit in Anspruch nehmen, und es ist angesichts von ChatGPT nicht verwunderlich, wenn neue und leistungsfähige Formen von semantisch kompetenten KI entstehen würden, bevor wir eine gemeinsame Grundlage für alle Definitionen gefunden haben. Eventuell könnte uns eine solche dann verfügbare KI dabei helfen, unsere eigenen Belange konzeptionell zu klären, sie auf ihre wichtigsten Prinzipien und Muster herunterzubrechen und letztlich zu einer Verallgemeinerung und Präzisierung des spezifischen Vokabulars führen.

Das Vorhaben, starke künstliche Intelligenz zu erschaffen, markiert eine auf vielerlei Ebenen historische Herausforderung. Eine solche Intelligenz mit dem menschlichen Gehirn zu verbinden sprengt derzeit noch unsere Vorstellungskraft. Zuallererst steht die Menschheit vor der Aufgabe, eine künftige, auf unvorstellbare Weise überlegene „Intelligenz" zu kontrollieren; die einzige Alternative bestünde darin, die Entwicklung der KI zu limitieren und somit auf ihr volles Potenzial zu verzichten – eine Dilemmasituation, die viele einzigartige Probleme heraufbeschwört.

Der Begriff „Intelligenz" lässt leider immer noch klare, trennscharfe Definitionen vermissen. Die folgenden beiden Vorschläge sind minimalistisch gestaltet, um das Phänomen auf seine entscheidendsten Funktionen zurückführen zu können. Die beiden Ansätze können hilfreich sein, um zwischen den charakteristischen Stärken und Schwächen von biologischer und künstlicher Intelligenz zu unterscheiden.

Definitionsvorschlag I: „Intelligenz ist die Fähigkeit, aus einem Minimum an Informationen ein Maximum an (relevanten) Schlüssen zu ziehen."

Definitionsvorschlag II: „Intelligenz ist die Fähigkeit, aus einem Maximum an Informationen ein Minimum an (relevanten) Schlüssen zu ziehen." (Lierfeld, 2019, S. 14)

Diese beiden Definitionen scheinen einander auszuschließen, da sie mit entgegengesetzten Prämissen arbeiten. Tatsächlich beschreibt aber Vorschlag I eine vollkommen andere Form von Intelligenz als Vorschlag II. Man könnte auch sagen: *biologische vs. non-biologische/maschinelle Intelligenz.*

Welcher Weg auch immer erfolgreich zu künstlicher Superintelligenz führen wird – dieser Weg wird dem, der ihn beschritten hat, einen *entscheidenden strategischen Vorteil* garantieren. Die Besitzer der weltweit ersten starken KI werden somit automatisch die ultimative Führungsposition erlangen. Es ist daher unabdingbar, dass diese Gruppe funktionierende Kontrollmechanismen bereits vor dem Einsatz der KI installiert hat und einen moralischen Code repräsentiert, der mit den humanistischen Grundwerten in Einklang steht. Diese ethischen Implikationen des Kontrollproblems beziehen sich nicht auf Technologie, sondern auf unsere ureigenste Natur. Nur, wenn die Menschheit einen Weg findet, die egozentrischen, nicht-altruistischen und soziopathischen Facetten der eigenen Natur zu kontrollieren, können wir künstliche Intelligenz effektiv kontrollieren – und damit auch die Nanosphäre. Denn das Kontrollproblem von künstlicher Intelligenz erweitert sich automatisch in den Nanobereich, da wir molekulare Nanotechnologie nicht ohne künstliche Intelligenz kontrollieren können. Es ist daher umso erforderlicher, Lösungen für alle denkbaren ethischen Probleme zu finden, die aus der Technologie erwachsen.

Besonders anspruchsvoll ist dabei der Umstand, dass KI, Robotik und Nanotechnologie gleichzeitig immense Chancen und ebenso umfassende Gefahren in sich bergen. Unser kritisches Denken muss die richtige Anwendung jeder einzelnen neuen Technologie definieren, um sicherzustellen, einer möglichst großen Gruppe von Menschen durch diese Technologie Vorteile zu verschaffen (und zugleich nachteilige Nebeneffekte zu vermeiden). Deshalb müssen wir jegliche Technik individuell auf dem Spektrum zwischen Alarmismus und Optimismus verorten; diese extremen Positionen werden öffentlich vertreten durch „KI-Kassandra" Nick Bostrom am alarmistischen Ende des Spektrums und durch den „Singularititätspropheten“ Ray Kurzweil am nicht weniger kontroversen, eher naiv-optimistischen Gegenpol.

Abgesehen von einer gewissen Panikmache gibt es viel Grund zur Hoffnung, mit und durch den Einsatz von BCIs wunderbare Dinge zu erreichen, insbesondere im Hinblick auf affektiv wirkende Interfaces. Doch so fruchtbar die Anwendungen im besten Fall sein können, so schwerwiegend wären die ethischen Auswirkungen im schlimmsten Fall. Daher müssen wir Strategien und Normen entwickeln, um künftige ethische Dilemmasituationen und Herausforderungen zu bewältigen, die sich aus der Verwendung von BCI/BMI ergeben könnten. Wie bei jeder neuen Technologie müssen wir uns auf die potenziellen Gefahren und Risiken konzentrieren, die durch die spezifische Technologie entstehen könnten, da ihre positiven Aspekte offensichtlicher sind und von den Entwicklern selbst regelmäßig hervorgehoben werden. Um diese etwas voreingenommene Denkweise zu verlassen, ist es wichtig, sich alle denkbaren Worst-Case-Szenarien vorzustellen. In jedem Fall werden wir nur ein Bruchteil aller möglichen Szenarien antizipieren können.

1. Neurologische Grundlagen und Modelle

> „Im Grunde genommen entstammen alle Ausdrucksformen der menschlichen Natur, die jemals hervorgebracht wurden – von den Malereien eines Höhlenmenschen über Mozarts Symphonien bis hin zu Einsteins Sicht des Universums – derselben Quelle: der unermüdlichen dynamischen Arbeit großer Populationen miteinander verbundener Neuronen."
>
> *Miguel Nicolelis*

Vor etwa einem Jahrhundert, im Jahr 1924, legte der deutsche Psychiater Hans Berger den Grundstein für die prinzipielle Machbarkeit einer Brücke zwischen dem Protein eines biologischen menschlichen Gehirns und dem Silizium eines Computers. Am häufigsten wird eine solche Brücke als Gehirn-Computer-Schnittstelle (Brain-Computer-Interface, kurz: BCI) bezeichnet. Alternativ dazu werden Begriffe wie Brain-Machine-Interface (BMI), Mind-Machine-Interface (MMI), Neural Control Interface (NCI) oder Direct Neural Interface (DNI) verwendet.

Die Kluft, die durch ein solches Gerät überbrückt wird, ist jedoch immer dieselbe: Es ist die Kluft zwischen lebender und toter Materie, zwischen Natur und Technik, zwischen Zellen und Schaltkreisen. Als verbindendes Element fungiert stets die elektrische Spannung. Hans Berger war 1924 der erste Wissenschaftler, der die menschliche Hirnaktivität mit Hilfe seiner eigenen Erfindung, des EEG (Elektro-Enzephalograph), aufzeichnen konnte. Inspiriert von Richard Caton, der 1875 die elektrische Aktivität in Tiergehirnen entdeckt hatte, konnte Berger durch die Analyse von EEG-Spuren oszillatorische Aktivitäten wie die – nach ihm benannte – Berger Welle oder die Alphawelle (8-13 Hz) identifizieren. Bergers Entdeckung der elektrischen Aktivität des menschlichen Gehirns und die Entwicklung der Elektroenzephalographie ebneten den Weg für die ersten Brain-Computer-Interfaces, die in der zweiten Hälfte des 20. Jahrhunderts entwickelt wurden.

Die Entdeckung und Analyse der elektrischen Gehirnaktivität führten bald zu der Idee, diese Daten aufzuzeichnen und „auszulesen". Mit dem Aufkommen der Computertechnologie wurden diese Ambitionen rasch konkreter und gipfelten schließlich in der Vision, eine Art Schnittstelle zu schaffen, die eine direkte Verbindung zwischen dem Gehirn und einem Computer ermöglichen sollte. Die Forschung in diesem Bereich begann rund 50

Jahre nach Bergers Entdeckung, als die DARPA (die Defense Advanced Research Projects Agency ist eine Behörde des Verteidigungsministeriums der USA) 1970 ein Forschungsprojekt über Gehirn-Computer-Schnittstellen finanzierte und der UCLA-Professor Jacques Vidal 1973 die „BMI-Challenge“ formulierte; Vidal prägte in diesem Zusammenhang den Begriff „Brain-Computer-Interface“. Ziel der BMI-Challenge war es, ein grafisches Objekt nur mit Hilfe von EEG-Signalen zu steuern. 1977 bewältigte Vidal selbst seine eigene „Challenge“, indem er erfolgreich eine nicht-invasive EEG-Technologie einsetzte, um ein cursor-ähnliches Objekt auf einem Computerbildschirm durch ein Labyrinth zu navigieren. Weitere zwei Jahrzehnte später gelang dem brasilianischen Neurowissenschaftler Miguel Nicolelis der erste einer Reihe von Durchbrüchen im Zusammenhang mit BCIs, indem er einen Makaken-Affen in die Lage versetzte, einen Roboterarm allein durch Gedanken zu steuern. Damit wies Nicolelis die grundsätzliche Funktionsfähigkeit des Konzepts der Gehirn-Computer-Schnittstellen nach.

Wiederum zwanzig Jahre später ließ sich der Serien-Entrepreneur Elon Musk von der Grundlagenforschung von Nicolelis und seinem Team inspirieren. Nachdem Musk mit seiner Automarke „Tesla“ die Elektromobilität gefördert und mit „SpaceX“ die private Raumfahrt revolutioniert hatte, bestand sein nächstes Ziel darin, die Kluft zwischen Außenwelt und Gehirn mit einem invasiven Gerät namens „Neuralink“ zu überbrücken. Besonders interessant ist Musks Motivation für die Entwicklung des „Neuralink“, da er seine Technologie als mögliche Lösung für das komplexe Kontrollproblem von fortgeschrittener künstlicher Intelligenz betrachtet. Mit anderen Worten: Musk will einen Kontrollverlust der Menschheit (und einen daraus resultierenden Autonomiegewinn von KI) verhindern, indem er das menschliche Gehirn mit künstlicher Intelligenz verschmelzen lässt – ein Ansinnen, mit dem freilich einige Gefahren einhergehen dürften.

Der brasilianische Neurowissenschaftler und BCI-Pionier Miguel Nicolelis hat mit seinem bahnbrechenden wissenschaftlichen Artikel aus dem Jahr 2003 die spätere Gründung von „Neuralink“ inspiriert. Als Erfinder der ersten funktionierenden Gehirn-Computer-Schnittstelle hat Nicolelis überwältigend optimistische Visionen davon, wozu BCIs die Menschheit befähigen werden, und sieht keinen oder zumindest wenig Raum für Ängste oder Bedenken:

„Für manche mag die mögliche zukünftige Verschmelzung von Gehirn und Maschine beängstigend klingen und sogar das Ende der Menschheit, wie wir sie kennen, besiegeln. Dem kann ich nur zustimmen. Ich glaube vielmehr, dass dieser werkzeugimmanente Hunger des Gehirns ein neues Kapitel der Evolution aufschlagen wird und uns Möglichkeiten bietet, [...] vielleicht Unsterblichkeit zu erreichen, und zwar in einer ganz besonderen Form: indem wir unsere Gedanken für die Nachwelt bewahren." (Nicolelis, 2011, S. 71)

Das titanische Ziel von Musks „Neuralink", dem Schweizer Start-up „Mind Maze" und anderen BCI-Unternehmen ist es, die ultimative Brücke zu bauen – die Brücke zwischen dem Protein des menschlichen Gehirns und dem Silizium des Computers. Doch schon lange vor dem Aufkommen der ersten Computer gab es die ikonische Vision der denkenden Maschine. Indem wir die Kluft zwischen unseren menschlichen grauen (und weißen) Zellen und dem binären Produkt unseres Gehirns – dem Computer – überbrücken, könnten wir letztlich unser Bewusstsein, unsere Erkenntnisse und unseren Verstand in die Maschine bringen (und umgekehrt), was zu einer epochalen Verschmelzung von lebendem Gewebe und künstlicher Materie führen würde. Doch abgesehen von einem riesigen Spektrum an hilfreichen Anwendungen und wünschenswerten Ergebnissen eröffnen die visionierten Brücken zwischen Protein und Silizium einen Horizont potenzieller ethischer Problematiken und anthropologischer Gefahren. In erster Linie ist die Veränderung der Funktionsweise eines lebenden menschlichen Gehirns immer heikel, da dies mit der Idee der Identität und dem Konzept der persönlichen Verantwortlichkeit kollidiert. Entsprechende ethische Fragen müssen abgewogen werden, während Gleiches für rechtliche Überlegungen gilt.

So futuristisch das Konzept der Gehirn-Computer-Schnittstellen auch klingen mag, viele BCI-basierte Anwendungen, sei es in der Medizin oder im Gaming-Bereich, sind längst Realität, und die Idee kann auf eine erstaunlich lange Tradition zurückblicken, die etwa ein halbes Jahrhundert zurückreicht. In der Pionierphase seiner Arbeit postuliert Vidal die Machbarkeit einiger der damals anvisierten Ziele wie folgt:

„Können diese beobachtbaren elektrischen Gehirnsignale als Informationsträger in der Mensch-Computer-Kommunikation oder zur Steuerung externer Geräte wie Prothesen oder Raumschiffe einge-

> setzt werden? Schon allein auf der Grundlage des gegenwärtigen Standes der Informatik und der Neurophysiologie kann man vermuten, dass eine solche Leistung möglicherweise in greifbarer Nähe liegt." (Vidal, 1973, S. 157)

So visionär Vidal vor rund einem halben Jahrhundert klingt, so weit weg sind die hier imaginierten Ideen jedoch noch heute. Dennoch scheint der Status quo zumindest die Machbarkeit der kühnen Vordeutungen des Pioniers zu bestätigen.

Obwohl die BCI/BMI-Forschung auf eine fünf Jahrzehnte lange Geschichte zurückblicken kann und einen sich rasch entwickelnden Bereich der neurowissenschaftlichen Forschung darstellt, gibt es keinen eindeutigen Konsens über eine Definition von Brain-Computer Interfaces. Einige Forscher schließen beispielsweise stimulierende Geräte wie Cochlea-Implantate in ihre Definition ein, während andere dies nicht tun. Dennoch besteht Einigkeit darüber, dass die folgenden entscheidenden Elemente die variablen Fähigkeiten eines BCI definieren:

- die Gehirnaktivität direkt erfassen,
- Rückmeldung in Echtzeit oder zeitnah geben,
- Klassifizierung der Hirnaktivität,
- Rückmeldung an den Benutzer, ob er/sie ein Ziel erreicht hat

Die Lücke zwischen denkendem Protein und rechnendem Silizium wird durch die Fähigkeit von BCIs überbrückt, neuronale Aktivität zu entschlüsseln und diese Informationen in Aktionen umzusetzen. Mit anderen Worten: Gehirn-Computer-Schnittstellen ermöglichen eine Brücke zwischen lebender Materie – dem Protein des menschlichen Gehirns – und der unbelebten technologischen Umgebung, deren Kommunikationsweg nicht über muskuläre Aktivität, sondern über neuronale Steuerungsimpulse erfolgt. Dieser breite und vereinheitlichende Kommunikationsweg ermöglicht eine Vielzahl möglicher Anwendungen und führt unweigerlich zu der Notwendigkeit, diese Anwendungen zu regulieren, um das Auftreten ethischer Dilemmasituationen auszuschließen oder zu minimieren. Eine Vielzahl von Szenarien erscheint hier denkbar und sollte durchdacht werden, *bevor* eine bestimmte Technologie zum Einsatz kommt.

Eine der naheliegendsten Anwendungen wäre die Erstellung von „digitalen Klonen“ durch BCIs. Start-ups wie „ETERNIME“, „PRECIRE“, „LIVESON“ und viele mehr sammeln Daten, um Avatare von Sterbenden oder Verstorbenen zu erstellen, mit deren Hilfe ein digitales Nachleben etabliert und die Hinterbliebenen bei ihrer Trauerarbeit unterstützt werden sollen (vgl. Riesewieck/Block, 2020, S. 30). Die Verwendung einer Art von Schnittstelle würde die Notwendigkeit, Daten von verschiedenen Kommunikationsgeräten oder aus dem Internet zu sammeln, abkürzen, indem sie einen direkten Zugang zur eigentlichen Quelle der persönlichen Daten – dem menschlichen Gehirn selbst – ermöglicht. Anstatt alle Daten aus verschiedenen Quellen wie Postings, Messenger-Konversationen, Nachrichten-Verläufen und sogar gesprochenen Worten zusammenzustellen, wäre es viel einfacher, umfassende Daten zu erfassen, indem man sie direkt aus dem biologischen Gehirn extrahiert. Außerdem wäre ein digitaler Klon, der mit Hilfe einer Schnittstelle erstellt wurde, viel genauer und überzeugender als eine Emulation, die im Wesentlichen durch die Analyse des Online-Verhaltens entstanden wäre. Der springende Punkt ist jedoch die folgende entscheidende Frage: Wem gehören die Daten nach dem Tod ihres ursprünglichen Besitzers, ihrer Quelle? Gehören sie automatisch den Hinterbliebenen, oder sollten die Persönlichkeitsrechte der verstorbenen Person auch nach dem Tod fortbestehen? Was ist, wenn die gescannten Daten des Lebensgedächtnisses unbekannte und möglicherweise unangenehme Details aus der Biografie des Verstorbenen offenbaren? Wer ist zuständig, wenn die Trauerarbeit nicht unterstützt wird, sondern die Erinnerung an den Toten durch die gnadenlos umfassende Information, wer der Verstorbene wirklich war, stark verändert oder gar zerstört wird?

Die Digitalisierung beschwört viele Dämonen herauf, die sich an menschlichen Wünschen, Defiziten und Sehnsüchten nähren. Auch wenn es immer auf die jeweilige Anwendung der Technologie ankommt, sind Suchttendenzen bereits deutlich zu beobachten, vor allem bei der Jugend, die eingebettet in einer sich entwickelnden digitalen Umgebung aufwächst. Denn die virtuellen Token in Form von „Likes“, „Views“ und „Comments“ führen zu realen und physischen Anpassungen, beispielsweise im endokrinen System, das Dopamin ausschüttet, was den Nutzer süchtig nach der Belohnung macht, die ihm die sozialen Medien bieten. In diesem Sinne sind

Virtualität und Realität bereits eng miteinander verflochten und verschmolzen, und diese Verbindung wird in Zukunft nur noch enger und nahtloser werden. Der Trend zur Sucht zeigt deutlich ein Abhängigkeitspotenzial, das sich durch tragbare oder implantierte Technologien wie Brain-Computer-Interfaces nur noch verstärken wird. Andererseits ist der Verlust der Kontrolle eine implizite Gefahr jeder Technologie, nicht nur der Digitalen. Teilweise liegt der Grund dafür jenseits der Technologie, nämlich in unserer fehlerhaften menschlichen Natur selbst. Dennoch ist es die digitale Technologie, die aufgrund ihrer Vielseitigkeit und vor allem ihrer Unverwundbarkeit gegenüber Widerständen wie keine andere das Damokles-Schwert des Kontrollverlustes mit sich bringt. Der deutsche Philosoph Armin Nassemi konstatiert in diesem Zusammenhang, dass

> „... die gesteigerten Möglichkeiten in Verbindung mit der strikten Verknüpfung das Bild einer wahnsinnigen Reproduktion evozieren, die aufgrund der Kompromisslosigkeit der strikten Verknüpfungen von Natur aus unkontrollierbar ist." (vgl. Nassemi, 2019, S. 214)

Nassemi fährt fort, indem er einen der prominentesten Funktionszwecke der Technik beschreibt: „... den Konsens ersparen zu können, der nach seiner Verselbständigung letztlich zur Gleichgültigkeit gegenüber Dissens und Kritik führt." (ebd.) Um diese Probleme angehen zu können, müssen möglicherweise neue Konzepte von (geistigem) Eigentum, Authentizität, Rechenschaftspflicht und Handlungsfähigkeit entwickelt werden, um jene ethischen Fragen lösen zu können, die in der Zukunft von großer Bedeutung sein werden, aber bereits in der Gegenwart angesiedelt sind. Insbesondere der Bereich der affektiven BCIs birgt unzählige ethische Herausforderungen, da der emotionale Aufbau des Menschen so störempfindlich und zugleich so wesentlich für das ist, was wir mit menschlicher Individualität und Wohlbefinden assoziieren.

Affektive BCIs

Eine der tiefgreifendsten und zugleich umstrittensten Facetten des breiten Spektrums an Möglichkeiten, die Gehirn-Computer-Schnittstellen eröffnen, sind die affektiven BCIs. Obwohl die affektiven Interfaces sämtliche Schichten der BCI-Relevanz durchdringen, erhalten sie nicht die Aufmerksamkeit, die sie verdienen. Brain-Computer-Interfaces haben das Potenzial, ein breites Spektrum an Anwendungen abzudecken, indem sie „disembodied agency, also das Handeln ohne Bewegung des Körpers“ (Steinert et al. 2018) ermöglichen. Insbesondere affektive BCIs implementieren eine Technologie, die in der Lage ist, affektive Zustände zu erkennen, zu beeinflussen und zu stimulieren. (vgl. Steinert/Friedrich, 2020, S. 352) Was aber macht mentale Zustände, die als affektiv gelten, so besonders und entscheidend, insbesondere in ethischer Hinsicht? Zunächst einmal sicherlich ihre spezifischen Qualitäten als Erfahrungsphänomene, die für den Menschen einzigartig sind. Affektive Zustände werden definiert als

> „... Erfahrungsphänomene wie Emotionen und Stimmungen. Emotionen sind intentionale mentale Zustände, weil sie eine Beziehung zwischen der Person und etwas anderem (d. h. dem Objekt der Emotion) beinhalten“. (vgl. ebd.)

Durch die Verflechtung des menschlichen Gehirns mit algorithmisch gesteuerten Formen der Intelligenz, die in der Lage sind, mentale Zustände zu beeinflussen und zu verändern, wird der Bedarf an ethisch fundierten Anwendungen noch deutlicher. Hier kommt einer der Hauptunterschiede zwischen BI (biologischer Intelligenz) und KI (künstlicher Intelligenz) ins Spiel, und zwar die Verkörperlichung (Embodiment) bzw. das Fehlen derselben. Unsere menschliche Intelligenz hat sich in und durch den ständigen Gebrauch unserer eigenen, einzigartigen Körperlichkeit entwickelt – und umgekehrt erscheint eine Form von Embodiment als eine entscheidende Voraussetzung für die Entwicklung von Intelligenz. Der körperliche „Aggregatzustand“ scheint für die Entstehung unseres aktuellen emotionalen Zustands von Bedeutung zu sein, der durch eine Vielzahl von Faktoren geformt wird, die jedoch hauptsächlich durch das endokrine System und die Ausschüttung von Hormonen, die sich auf bestimmte äußere Faktoren beziehen, gesteuert werden. In diesem Sinne

> „... beinhalten Emotionen Bewertungen von etwas, Emotionen werden in der Regel von Körpergefühlen begleitet, und Emotionen sind motivierend. Im Gegensatz dazu sind Stimmungen in der Regel langfristig, nicht intentional und eher diffus". (vgl. Steinert/Friedrich, 2020, S. 354)

Durch BCI könnten wir die KI in die Lage versetzen, zu *„lernen"*, was Verkörperlichung für den Menschen bedeutet, aber die KI könnte dabei unsere Emotionen und Stimmungen analysieren, und das möglicherweise in einer unangenehmen und unerwünschten Tiefe und in einem für den Menschen unvorstellbarem Ausmaß. Könnte die affektive BCI-Technologie also den menschlichen Geist auf unterschiedliche Weise verändern? Absolut! Die moralisch relevante Frage ist allerdings, ob dies freiwillig und in der vom Subjekt gewünschten Weise geschehen würde.

Wenn wir die moralische Relevanz der Frage akzeptieren, geraten wir in ein Dilemma: Nur die Erste-Person-Perspektive kann letztlich erklären, ob eine Veränderung der persönlichen Identität erwünscht ist oder nicht. Es gibt aber zu viele Kontexte, in denen diese Perspektive nicht zugänglich ist und damit interpretationsbedürftig wird. Darüber hinaus gibt es mehrere mehr oder weniger unvereinbare Modelle der persönlichen Identität, die zwischen dieser Perspektive und der Dritte-Person-Perspektive schwanken, wobei einige versuchen, beide Perspektiven zu kombinieren und zu integrieren. In Anbetracht der tiefgreifenden Veränderung von Hirnstrukturen und den damit korrelierenden Persönlichkeitsmerkmalen sowie der noch unscharfen und kaum präzisen Interpretation dieser Zusammenhänge ist es von größter Bedeutung, die Erste-Person-Perspektive in alle persönlichkeitsverändernden Verfahren einzubeziehen. Sobald also affektive BCIs in einem medizinischen oder wissenschaftlichen Kontext eingesetzt werden, müssen zwei Fragen geklärt werden: „das Erwartungsmanagement und die informierte Zustimmung" (Klein 2016; McCullagh et al. 2014; Vlek et al. 2012). Da die persönliche Selbstbestimmung ein grundlegender ethischer Wert ist, muss eine Person die potenziellen Risiken eines jeden medizinischen Eingriffs verstehen, bevor sie dem Verfahren zustimmt. Diese geforderten Bedingungen für die Einwilligung setzen jedoch voraus, dass jedes einzelne mögliche Risiko bekannt ist, was derzeit nicht gegeben ist und wahrscheinlich auch in Zukunft nicht genau objektiviert werden kann.

Brain-Computer-Interfaces, die sich auf menschliche Affekte beziehen, stellen also anspruchsvolle ethische Scheidewege dar; mit dem Potenzial ausgestattet, menschliches Leid zu reduzieren, ist ihnen aber auch die Gefahr inhärent, neue Problemfelder zu schaffen.

Die digitale Disruption findet auf allen Ebenen unseres Berufslebens statt und macht vor nichts Halt, um Dienstleistungen (kosten-)effektiver, zuverlässiger und vielseitiger zu machen. Im Zuge des zunehmenden Erfolgs von Sprachassistenten haben sich verschiedene Versuche entwickelt, psychologische Hilfe zu automatisieren. Ein erster Versuch hierzu bestand im bereits 1966 entwickelten Programm „ELIZA", mit dem Joseph Weizenbaum Kommunikationsmöglichkeiten zwischen Mensch und Maschine auf der Basis natürlicher Sprache ausloten wollte (vgl. Baranovska/Höltgen, 2018). Die Automatisierung des Psychotherapeuten könnte dazu führen, dass die Therapie von KI-gesteuerten Gehirn-Computer-Schnittstellen durchgeführt wird. Wenn nun ein Patient traumatisierende Erinnerungen loswerden will, könnte es sehr hilfreich sein, bestimmte Erinnerungsdaten unterdrücken oder löschen zu können. Aber darin besteht keineswegs eine Erfolgsgarantie; es ist durchaus möglich, dass die gelöschten Erinnerungen dem Patienten beispielsweise schwere Auswirkungen von posttraumatischen Belastungsstörungen, wie Wut und Selbsthass, nicht ersparen, sondern dass diese Emotionen durch den Wegfall des Grundes unerklärlich bleiben. In anderen Fällen, vor allem wenn sie unerwünscht sind, würde die Löschung von Erinnerungsinhalten zu unliebsamen Auswirkungen führen, möglicherweise bis hin zum Verlust der Persönlichkeit. Die Beurteilung, ob Letzteres eingetreten ist, hängt jedoch von der Definition der Persönlichkeit ab, und hier bestehen in Ermangelung von trennscharfen Kategorien zahlreiche Unschärfen.

Solange es keine allgemein akzeptierte und rechtsverbindliche Definition der persönlichen Identität gibt, kann es somit keine allgemeingültige Lösung für die beschriebene Dilemma-Situation geben. Bis auf Weiteres bleibt die Interpretation affektiver Zustände sicherlich abhängig von der Art der Argumentation – und auch dem jeweils vorherrschenden politischen System. Wie Steiner et al. betonen,

> „... spielen Emotionen eine zentrale Rolle im menschlichen Leben, da sie in zwischenmenschlichen Beziehungen wichtig sind, zur Gruppen-

> bildung beitragen und eine Rolle bei der Entscheidungsfindung und Argumentation spielen.“ (vgl. Steinert/Friedrich, 2020, S. 357)

Dies unterstreicht nicht nur, wie grundlegend und entscheidend die Qualität der affektiven Zustände für unser gesamtes Wesen ist, sondern auch, wie diese Zustände unsere soziale Situiertheit beeinflussen. Da

> „... affektive Zustände eine der wesentlichen Arten sind, in denen sich Menschen mit der Welt auseinandersetzen, ist es entscheidend, die Entwicklung affektiver BCIs so früh wie möglich mit ethischen Überlegungen zu begleiten.“ (vgl. Steinert/Friedrich, 2020, S. 357)

Der vielseitige Ansatz von BCIs bietet zahllose Anwendungsmöglichkeiten sowohl für wohlwollende als auch für böswillige Absichten. Sei es die Rehabilitation von gelähmten Patienten oder die Gedankenkontrolle, sei es die Verbesserung menschlicher kognitiver Fähigkeiten oder die Objektivierung von Geist und Denken – BCIs bilden ein breites Spektrum an Einsatzmöglichkeiten. Und diese Brücke zwischen lebender und toter Substanz ist im Prinzip bereits gebaut und verfügbar. So hat Musk im Jahr 2020 einen wichtigen Meilenstein erreicht, indem er das Gehirn eines Schweins mit einer „Neuralink“-Schnittstelle verbunden hat. Ermöglicht uns das Gerät, die Gedanken des Schweins zu lesen? Nicht buchstäblich. Der derzeitige Stand der Technik bei BCIs ermöglicht die Erkennung und Interpretation rein motorischer Signale, die auf eindeutigen neuronalen Mustern beruhen. Komplexere und subtilere neuronale Aktivitäten, wie psychologische Prozesse oder Gedanken, bleiben derzeit und auch in absehbarer Zukunft geheimnisvoll und mysteriös. Und vielleicht wird es auch unmöglich bleiben, mentale Inhalte zu extrahieren, die über die Analyse bloßer motorischer Muster hinausgehen. Beim gegenwärtigen Stand des Wissens und Verständnisses können wir diese Frage nicht entscheiden, denn die ausgelesenen Daten werden stets interpretiert. Selbst Geräte, die anscheinend wie tatsächliche „Mindread-ing“-Werkzeuge funktionieren – beispielsweise Interfaces, die Menschen in die Lage versetzen, nur mit der Kraft der Gedanken zu schreiben – sind auf das korrekte Erkennen und Identifizieren von Bewegungsmustern angewiesen: Die Person, die schreiben will, muss sich einen handschriftlichen Akt vorstellen, um den Gedanken, den sie ausdrücken will, an die verbundene Maschine zu übermitteln.

Im Laufe der Zeit werden BCI- und BMI-Technologien unweigerlich zu fortgeschrittenen Einblicken in die beobachteten Gehirne führen, was solche Schnittstellen als wahrscheinliche Kandidaten für eine Kaskade von Paradigmenwechseln in vielen Wissenschaftszweigen, von der Kognitionswissenschaft über die Psychologie bis zur Philosophie, markiert. Sogar die Metaphysik könnte von den Möglichkeiten dieser Geräte nicht unberührt bleiben, während traditionelle Religionen durch mechanistische Beobachtungen, die bei der Analyse und dem Reverse-Engineering des menschlichen Gehirns gemacht werden, in Frage gestellt oder letztgültig ad absurdum geführt werden könnten. So könnte beispielsweise die Möglichkeit einer Seele kategorisch ausgeschlossen werden, oder es könnte der definitive Beweis gegen ein Leben nach dem Tod erbracht werden. Mit anderen Worten: Mit dem Aufkommen der BCI/BMI-Technologie ist die Wahrscheinlichkeit gegeben, mechanistische Weltanschauungen letztgültig, unbestreitbar und objektiv zu bestätigen. Daher gibt es nur sehr wenige denkbare Zukunftswelten, in denen BCIs keinen grundlegenden Einfluss auf das menschliche Leben haben werden, aber eine Vielzahl künftiger Zeiten, in denen BCIs buchstäblich die Welt, unser Denken und das Bild des Menschen verändern werden. In diesem Sinne ist es unsere dringende Pflicht, über alle denkbaren Dilemma-Situationen nachzudenken, *bevor* wir diese lösen müssen. Nur dann können wir uns Strategien entwickeln, die zukunftssicher und zugleich ethisch vertretbar sind.

(Zu viele) Konzepte der persönlichen Identität

Grundsätzlich drehen sich viele ethische Diskussionen über BCI-Technologien um den Kern der Persönlichkeit eines Menschen, der nicht verletzt oder gar verändert werden darf. Eine solche Veränderung ist sogar dann bedenklich, wenn sie objektiv gesehen sowohl für die Gesellschaft als auch für das Individuum wünschenswerte Folgen hat. Die subjektive Ich-Perspektive könnte nämlich den Eingriff und seine Ergebnisse, so positiv und gelungen diese auch sein mögen, immer noch als böswillig bewerten.

Persönlichkeitskonzepte lassen sich grob in die Ich-Perspektive und die Dritte-Person-Perspektive unterteilen und in seltenen Fällen in Ansätze, die beide Perspektiven als gleich wichtig ansehen und daher versuchen, beide Kategorien in ein übergreifendes Modell zu integrieren. Der britische Philosoph Bernard Williams ist ein Verfechter einer Konzeption der Persönlichkeit, die mit dem physischen Körper verwoben und von ihm abhängig ist; seiner Ansicht nach kann die Persönlichkeit ohne ihren Körper nicht existieren. (siehe Bunge/Siebeck, 1984) Für Williams ist die körperliche Kontinuität entscheidend für die persönliche Identität, und er argumentiert, dass das Ergebnis mit der persönlichen Identität unvereinbar wäre, sobald es zu einer Aufspaltung oder Verdoppelung im Leben eines Menschen kommt. (Williams, 1978) Williams behauptet, dies gelte sowohl für die Ich-Perspektive als auch für die Dritte-Person-Perspektive. Zwei der heikelsten ethischen Fragen, die sich aus dieser Debatte ergeben, sind:

- Gibt es Teile des Gehirns oder des Körpers, die für die Aufrechterhaltung der persönlichen Identität unerlässlich sind?
- Ab welchem Ausmaß, ab welchen Formen und Kategorien der Veränderung des Gehirns oder des Körpers kann man nicht mehr von einer Identität einer Person ausgehen? (Friedrich, 2013, S. 42)

Nach Ansicht von Williams werden die Herausforderungen, die sich aus den grundlegendsten psychologischen Diskontinuitäten ergeben, durch die Kontinuität des physischen Körpers aufgewogen. Die persönliche Identität ist gegeben, solange diese physische Kontinuität und die damit verbundenen Assoziationen, die durch Erfahrungen hervorgerufen werden, existieren. (ebd., S. 46) Doch Williams' Konzept einer Perspektive der dritten Person, die persönliche Identität nur annimmt, solange die Kontinuität des Körpers aufrechterhalten wird, steht in krassem Gegensatz zu den Bedingungen, die BCI-Ethik anstreben würde. So schließt Williams' Perspektive digitale Klone und – falls eines Tages realisierbar – hochgeladene Gehirne, Ganzhirn-Emulationen und andere denkbare virtuell-digitale Formen von Persönlichkeiten ausdrücklich vom Status einer Person aus. Der implizite Widerspruch zeigt, dass Williams' Modell sowohl mit den nahen als auch mit den weiter entfernten Ergebnissen von BCI unvereinbar bleibt. Sowohl invasive als auch nicht-invasive Techniken würden in Williams' Ansatz als unerwünscht gelten, wenn sie das Potenzial hätten, bestimmte Teile des Körpers zu verändern oder zu beseitigen und damit die persönliche Identität zu gefährden. (ebd.) Es gibt eine breite Palette möglicher Fehlfunktionen und Pathologien, die die Kohärenz einer Persönlichkeit nicht per se zerstören. Selbst eine vollständige Amnesie muss nicht zwangsläufig zu einem totalen Verlust der persönlichen Identität führen. Wie Sydney Shoemaker hervorhebt, könnte ein *„totaler Hirnschaden"* nur bei einem vollständigen Ausfall aller psychologischen Funktionen auftreten. (vgl. Shoemaker/Swinburne, 1984, S. 87)

Bemerkenswerterweise hält Shoemaker den Körper nicht für eine notwendige Bedingung, um persönliche Identität zu konstituieren. (vgl. Friedrich, 2013, S. 56) Das Material oder die spezifische Substanz, in der psychische Zustände realisiert werden, ist nach Shoemaker nicht bedeutsam – die realisierten Funktionen hingegen schon. Nach Shoemaker gibt es drei Hauptfunktionen von psycho-physischen Verbindungen. Zum einen eine *„freiwillige"* (Nicken zu wollen führt zum Nicken), zum anderen eine *„sensorische"* (Wahrnehmung als Vermittler zwischen Welt und Person) sowie eine *„biologische"* Realisierung. (vgl. ebd. S. 57)

Diese drei Funktionen, insbesondere die erste, sind im Zusammenhang mit der ethischen Bewertung von Gehirn-Computer-Schnittstellen von hohem Interesse. Denn die Anwendung der ersten BCIs, zumindest im Gesundheitswesen, besteht darin, gelähmten Patienten oder Koma-Patienten eine gedankengesteuerte physische Interaktion mit ihrer Umwelt zu ermöglichen. Nicht jede fehlgeleitete Kommunikation zwischen dem dolmetschenden Apparat und dem Entscheidungen treffenden menschlichen Geist würde zu gefährlichen Situationen oder tatsächlichen Schäden führen, aber es gibt zu viele Szenarien, die schon heute extrapoliert werden können, um die potenziellen Gefahren nicht zu unterschätzen. Obwohl Shoemaker epistemisch von der Notwendigkeit eines physischen Körpers zur Herstellung und Aufrechterhaltung der persönlichen Identität ausgeht, leugnet er ontologisch nicht die Möglichkeit einer „unverkörperten" Person. (ebd.) Im Gegensatz zu Williams ist Shoemakers Ansatz also durchaus mit einer transhumanistischen Wende vereinbar, in der unverkörperte, digitale Personen alltäglich werden könnten und somit reguliert werden müssten.

Doch die persönliche Identität, die Subjektivität und sogar das Selbst als beobachtbare Entität stehen im Lichte der zeitgenössischen wissenschaftlichen Bewegungen auf dem Spiel, denn die moderne Kritik an den Subjektivitätstheorien führt uns tiefer in den Kaninchenbau der philosophischen Annahmen und birgt das Potenzial, Weltanschauungen zu verändern. So stellt der deutsche Philosoph Reginald Grünenberg fest:

> „Seit Descartes' Feststellung der einheitlichen Identität jeder res cogitans und ihrer Unverbundenheit mit der res extensae sind die Philosophen des Geistes und die Rationalisten im Allgemeinen dieser Forderung gefolgt, mit wenigen Ausnahmen. Dass das Subjekt, im philosophischen Sinne des Subjekts der Vernunft und des Trägers des Bewusstseins, eine untrennbare Einheit ist, wurde zum Paradigma der modernen rationalen Philosophie und Erkenntnistheorie. Doch das ist falsch. Es ist eigentlich der größte Fehler der modernen Philosophie." (Grünenberg, S. 1, 2018)

Einen einzigartigen Ansatz bietet der deutsche Kognitionswissenschaftler und Philosoph Thomas Metzinger mit seinem Modell des phänomenalen Selbst als Kern von Bewusstsein, Persönlichkeit und Identität. Metzinger negiert dabei die Existenz eines Selbst zugunsten phänomenaler Selbstmodelle. Ein solches Selbstmodell, in dem die Welt und die Phänomene der eigenen Wahrnehmung erfahrbar werden, ist der Ort des Bewusstseins und konstituiert auf Dauer das, was wir als persönliche Identität bezeichnen. Somit erscheint das Selbstmodell im Einklang mit Julian Jaynes' Konzept des „mindspace", der Sphäre also, in der das Bewusstsein entsteht und wirkt. Insofern erscheint das Selbst – entgegen gängiger Intuitionen – als alles andere als fest und unveränderlich. Vielmehr wird das Selbstmodell durch die Vielzahl der phänomenalen Erfahrungen, die es macht, geformt, verändert und ständig aktualisiert. Für Metzinger ist daher nichts mehr übrig von einem konsistenten, fortbestehenden Selbst, wie es in der traditionellen Sichtweise beschworen wird; was wir als Selbst bezeichnen, ist eine höchst subjektive Konstruktion, die durch eingehende Datenströme ständig moduliert und adaptiert wird.

In diese Richtung argumentiert auch BCI-Pionier Miguel Nicolelis, indem er feststellt, dass das Körperbild eines Menschen alles andere als unveränderlich und konsistent ist:

> „Sogar zwei der intimsten Besitztümer des Menschen – das Selbstgefühl und das Körperbild – sind fließende, stark veränderbare Schöpfungen des Gehirns, die durch den schelmischen Einsatz von Elektrizität und einer Handvoll Chemikalien entstehen. Beides kann sich binnen weniger als einer Sekunde verändern oder verändert werden." (Nicolelis, 2011, S. 18)

Als greifbarste Beispiele für austauschbare Körperbilder und Selbstkonzepte nennt Nicolelis insbesondere Phantomglieder (die oft mit Phantomschmerzen einhergehen) und außerkörperliche Erfahrungen.

> „Die klinische Evidenz, die wir von diesen Patienten erhalten haben, unterstreicht, dass unser Körperbild, dieses unanfechtbare Refugium unserer sorgfältig gepflegten Individualität und geistigen Einzigartigkeit, als dynamisches Nebenprodukt der kollektiven elektrischen Aktivität des Gehirns entsteht, um formbar zu bleiben und auf Ereignisse zu reagieren, die innerhalb, auf und jenseits der physischen Grenzen unserer sterblichen Hülle stattfinden. Wie jeder gute und vernünftige Gestalter der Realität hat uns das Gehirn mit etwas ausgestattet, das sich wie eine echte und konkrete physische Instanziierung des Selbst anfühlt, ein simulierter Körper." (Nicolelis, 2011, S. 66)

Die berühmte „Rubberhand illusion" („Gummihand-Illusion"), die von dem Neurowissenschaftler Jonathan Cohen erfunden wurde, gehört zu den Experimenten, die die Verletzlichkeit und Manipulationsanfälligkeit unseres Selbst- und Körpergefühls verdeutlichen. Bei diesem Experiment wird die Versuchsperson auf einen Stuhl gesetzt und legt den linken Arm dicht an die linke Kante eines kleinen Tisches, der vor der Person steht, um die Gliedmaße vor ihren Augen zu verbergen. Auf demselben Tisch, aber etwas näher an der Versuchsperson, wird eine lebensgroße Gummihandattrappe platziert, und der Versuchsleiter berührt mit zwei Pinseln gleichzeitig die echte Hand sowie die Gummihand. Fast alle Teilnehmer berichteten, dass sie den Pinsel nicht am echten Arm, sondern an der Gummihand spürten. In Übereinstimmung mit Metzinger schloss Nicolelis aus dieser Art von Experimenten, dass unser Selbstmodell nicht nur enorm anpassungsfähig ist, sondern auch von einem Moment zum anderen verändert werden kann:

> „Die Schlussfolgerung aus mehr als zwei Jahrzehnten Experimenten ist, dass das Gehirn ein Gefühl der Körperzugehörigkeit durch einen hochgradig adaptiven, multimodalen Prozess erzeugt, der durch einfache Manipulationen des visuellen, taktilen und sensorischen

> Feedbacks der Körperposition jeden von uns in Sekundenschnelle dazu bringen kann, einen anderen, ganz neuen Körper als Heimat unserer bewussten Existenz zu akzeptieren." (Nicolelis, 2011, S. 66)

Ein anderes Experiment hat die illusionären und hochgradig suggestiven Fähigkeiten unseres Gehirns auf eine unheimliche neue Ebene gehoben, indem es den Versuchspersonen ermöglichte, einen *„Body Switch"* (Körpertausch) zu erleben. Dieses Experiment ist ein hervorragendes Beispiel dafür, wie verletzlich und anpassungsfähig unser phänomenales Selbstmodell tatsächlich ist und wie schnell es durch technische Mittel verändert werden kann. Das Konzept des Experiments ist recht einfach, aber seine Ergebnisse und Auswirkungen sind bahnbrechend:

> „[...] Henrik Ehrsson vom Karolinska-Institut in Stockholm, Schweden, verwendete einen Virtual-Reality-Apparat, um visuelle und taktile Signale bei gesunden Personen zu manipulieren. In dem Experiment konnten die Versuchspersonen das unheimliche Gefühl eines völlig neuen Körpers erleben und mit einer anderen Person den Körper tauschen. [...] Ehrsson manipulierte zunächst die so genannte Ich-Perspektive seiner Versuchspersonen, indem er sie bat, ein am Kopf befestigtes Display zu tragen, das ein echtes stereoskopisches Bild projizierte, das von zwei Kameras auf dem Kopf einer vor ihnen platzierten Puppe geliefert wurde. [...] Mit zwei Stäben streichelte der Versuchsleiter mehrere Minuten lang gleichzeitig den Unterleib der Versuchsperson und den der Schaufensterpuppe, wobei er die Streicheleinheiten so synchron wie möglich hielt. [...] Auffallend ist, dass die meisten Versuchspersonen, als sie gebeten wurden, zu beschreiben, was sie während des Experiments erlebten, berichteten, dass sie die Berührung des Stabes auf dem Unterleib der Schaufensterpuppe und nicht auf ihrem eigenen Körper spürten. Tatsächlich berichteten die Probanden größtenteils, dass sie das Gefühl hatten, der Körper der Schaufensterpuppe sei zu ihrem eigenen geworden." (Nicolelis, 2011, S. 68)

Wenn es nur eine Schlussfolgerung gibt, die man aus diesem Experiment ziehen kann, dann die, dass es tatsächlich kein Selbst zu geben scheint, sondern nur eine wahrnehmende Entität. Die Perspektive dieser Entität ist jedoch der Blickwinkel unseres Bewusstseins, und sie bestimmt, von wo aus wir die Außenwelt betrachten. Offensichtlich lässt sich unser Geist relativ leicht manipulieren, denn dieser Blickwinkel kann verändert werden, ohne direkt auf das Gehirn einzuwirken. Was wird dann erst möglich sein, wenn wir das starke und vielseitige Werkzeug einer vollwertigen Gehirn-Computer-Schnittstelle erhalten, vielleicht sogar in Kombination mit fortgeschrittener und hoch immersiver Virtual-Reality-Technologie?

Der Mensch kann zu Recht den Rang des fortschrittlichsten Werkzeugmachers beanspruchen, der im Laufe der Evolution je entstanden ist, und als solcher haben wir Menschen auch eine unvergleichliche und manchmal sogar unheimliche Fähigkeit, die von uns geschaffenen Werkzeuge in unser individuelles Körperbild zu integrieren.

> „Eine Reihe von Studien deutet darauf hin, dass Affen und Menschen, wenn sie den Umgang mit künstlichen Werkzeugen erlernen, ihre Gehirne diese Werkzeuge als echte und nahtlose Erweiterungen ihrer eigenen biologischen Körper assimilieren. [...] Unsere Gehirne sind ständig damit beschäftigt, unsere Kleidung, Uhren, Schuhe, Autos, Computermäuse, Silberbesteck und jedes andere Instrument, das wir benutzen, in eine sich dynamisch ausdehnende und zusammenziehende Körperrepräsentation aufzunehmen." (ebd. S. 70 f.)

Dabei macht unser Gehirn keinen Unterschied, ob das Werkzeug primitiv, profan und alltäglich oder hoch entwickelt, künstlerisch und exquisit ist. Bei einem Weltklassemusiker kann es ein Instrument sein, z. B. eine Violine, während es bei einem Profisportler das spezifische Werkzeug der jeweiligen Sportart sein mag: ein Fußball, ein Tennisschläger oder eine schwer beladene Langhantel. Ein virtuoser Musiker oder Spitzensportler zu sein bedeutet im Wesentlichen, eine Brücke zwischen dem Protein des Gehirns und der Substanz des äußeren Werkzeugs der Wahl zu schlagen; um diese Brücke zu bauen, ist der Geist in eine so nahtlose Zusammenarbeit mit dem äußeren Objekt hineingewachsen, dass er die physischen Grenzen des Körpers durchlässig macht und für das verwendete Werkzeug öffnet. Ein weiteres Beispiel für die auffallend große Vielfalt möglicher innerer Zustände, die schon mehrfach diskutiert wurde, ist der mentale Zustand eines Koma-Patienten, der unter dem Locked-in-Syndrom leidet.

Obwohl er nicht in der Lage ist, auf andere Weise als über subtile Gesichtsausdrücke wie Augenbewegungen zu kommunizieren, enthält der Geist des Locked-in-Patienten immer noch seine Persönlichkeit; der entscheidende Aspekt, der hier zu akzeptieren ist, besteht jedoch in einer tiefgreifenden Diskontinuität der Autonomie der Person. Nach Metzinger ähneln Selbstmodelle inneren Bildern, die die Grundlage für unsere Selbstwahrnehmung bilden und zu bestimmten psychischen Eigenschaften führen. (vgl. Friedrich, 2013, S. 63). Damit beschreibt Metzinger ein selbstreflexives System, das einen Kreis schließt. Ein Teil des Systems repräsentiert intern das Ganze; der repräsentierende Teil und das Gesamtsystem stehen in einer Beziehung der Vertrautheit. (ebd.) Das Selbstmodell und das Körperbild hängen also in einer „pars-pro-toto"-Beziehung voneinander ab, die sich bisweilen als unzuverlässig und sogar zutiefst falsch erweist, etwa im Falle von Phantomgliedern, die noch schmerzen oder andere sensorische und sogar sensomotorische Rückmeldungen geben.

In seinem bahnbrechenden Buch „Being no one" leugnet Thomas Metzinger die Existenz eines Selbst zugunsten besagter phänomenaler Selbst-Modelle:

> „Niemand war oder hatte jemals ein Selbst. Alles, was jemals existierte, waren bewusste Selbstmodelle, die nicht als Modelle erkannt werden konnten. Das phänomenale Selbst ist kein Ding, sondern ein Prozess – und die subjektive Erfahrung, jemand zu sein, entsteht, wenn ein bewusstes informationsverarbeitendes System mit einem transparenten Selbstmodell arbeitet. Ein solches System sind Sie in diesem Augenblick, während Sie diese Sätze lesen. Da Sie Ihr Selbstmodell nicht als Modell erkennen können, ist es transparent: Sie blicken durch es hindurch. Sie sehen es nicht. Aber Sie sehen mit ihm. Mit anderen, metaphorischeren Worten: Die zentrale Behauptung dieses Buches ist, dass Sie sich beim Lesen dieser Zeilen ständig mit dem Inhalt des Selbstmodells verwechseln, das gerade von Ihrem Gehirn aktiviert wird." (Metzinger, 2003, S. 1)

Für Metzinger ist die persönliche Identität eine Art interner Selbstrepräsentation, die aus miteinander verwobenen phänomenalen und repräsentierten Inhalten besteht. Wie sich gezeigt hat, muss eine Definition der Persönlichkeit, die darauf abzielt, die persönliche Integrität zu schützen, eine epistemische und evaluative Ich-Perspektive beinhalten. Obwohl diese subjektive Perspektive möglicherweise auf physische Weise realisiert wird, bleibt sie irreduzibel zu den physischen Korrelaten, die von Gehirn-Computer-Schnittstellen erfasst werden können.

Miguel Nicolelis stellt sich jedoch eine Zukunft vor, in der alle Arten von Schnittstellen, die die Kluft zwischen biologischer und künstlicher Kognition überbrücken, nicht nur nahtlos in die mentale Ausstattung des Menschen integriert werden könnten, sondern sogar noch besser in die subjektiven Körperbilder der Menschen:

> „Wenn man diese Ideen auf die Spitze treibt, stützen solche Erkenntnisse und Theorien die Behauptung, dass, wenn wir lernen, Gehirn-Maschine-Schnittstellen zu nutzen, bei denen unsere Gehirne direkt mit künstlichen Werkzeugen interagieren, die sich entweder neben oder weit entfernt von unseren biologischen Körpern befinden, unsere Gehirne diese Geräte als Teil von uns aufnehmen werden. [...] dieser werkzeugintegrierende Hunger des Gehirns wird ein neues Kapitel der Evolution aufschlagen und uns Möglichkeiten bieten, unseren Körper zu verlängern und vielleicht Unsterblichkeit zu erreichen, und zwar in einer sehr populären Form: indem wir unsere Gedanken für die Nachwelt bewahren." (Nicolelis, 2011, S. 71)

Vor diesem Hintergrund könnte die Integration von BCIs oder BMIs in unseren Organismus ein ganzheitliches Verständnis der Fähigkeiten dieser Geräte vorantreiben, und es sieht ganz so aus, als ob die Verschmelzung von biologischer und maschinenbasierter Kognition wesentlich früher erreicht werden könnte als die Lösung der vielen Rätsel und Mysterien, die unser altmodisches, auf Proteinen basierendes Gehirn und die von ihm ausgehenden Phänomene aufwerfen. Hoffen wir, bis dahin genug von Bewusstsein, Subjektivität und der Ich-Perspektive zu verstehen, um die katastrophalsten Formen des Missbrauchs auszuschließen – mögen diese unethischen Handlungen auch freiwillig oder sogar unerkannt geschehen.

Autonomie, die Libet-Experimente und die Willensfreiheit

Grundlegende Konsequenzen für eine Persönlichkeit hat das Konzept der persönlichen Handlungsfähigkeit. Dieses Konzept besagt, dass jede gesunde, voll bewusste Person der Akteur ihrer eigenen Handlungen ist und die umfassende Verantwortung für diese trägt. Auf der „angenehmen Seite" garantiert die persönliche Handlungsfähigkeit, persönliche Erfolge auch dieser jeweiligen Person zuzuschreiben und mit ihr in Verbindung zu bringen, d. h. einfach ausgedrückt: *Wenn Sie gelobt werden, liegt es wirklich an Ihnen.* Das Gleiche gilt aber für weniger gute Taten, kriminelle Handlungen und schicksalhafte Entscheidungen beispielsweise. Aufgrund des Konzepts des persönlichen Handelns werden auch diese abwertenden Fakten der jeweiligen Person zugeschrieben, die dafür verantwortlich gemacht werden kann. Der Ursprung dieser Verantwortlichkeit liegt im Konzept des freien Willens und der weit verbreiteten Annahme eines allgemeinen Indeterminismus der Welt. Aber ist das wirklich wahr?

Um die Willensfreiheit hat es viele Kontroversen gegeben, die nicht nur von Anhängern eines philosophischen Determinismus, sondern auch von bestimmten Implikationen der Quantenphysik angeheizt wurden. Die Quantenwelt kann direkt deterministisch sein (nach Bohm) oder völlig indeterministisch (wie in den Theorien des spontanen Kollapses, insbesondere der GRW-Theorie, die nach Ghirardi, Rimini und Weber benannt ist), oder aber sie folgt nicht-epistemischen Wahrscheinlichkeiten, die sich aus zugrundeliegenden physikalischen Gesetzen ergeben, die die spezifische Verwirklichung dieser Wahrscheinlichkeiten bestimmen (wie es die Theorie der vielen Welten annimmt). (vgl. Lewis, Peter J., 2016, S. 145) Diese Vielfalt von sich gegenseitig ausschließenden Theorien legt die Möglichkeit nahe, dass die Quantenmechanik – im Gegensatz zur klassischen Physik – ein Spektrum von Determinismus und Indeterminismus umfassen könnte. Ist dieser Eindruck mit der jahrhundertealten Vorstellung vom freien Willen vereinbar – ja, unterstützt er vielleicht sogar diese Position? Bedeutet dieses breitere Spektrum an Möglichkeiten außerdem, die Willensfreiheit besser mit der Quantenmechanik vereinbaren können als mit der klassischen Mechanik? (vgl. Lewis, Peter J., 2016, S. 145) Determinismus schließt Freiheit aus, und somit schließt eine stark deterministische Welt die Willensfreiheit aus. Je weiter die Physik fortschritt, desto mehr schien das

Universum einem riesigen Uhrwerk zu ähneln. (vgl. ebd.) Die Quantenmechanik scheint jedoch grundlegend anders zu funktionieren als die klassische Mechanik, und das gilt auch für die Frage von Determinismus vs. Indeterminismus. So wurde das Aufkommen der Quantenmechanik von vielen als physikalische Untermauerung des freien Willens gefeiert, da die Quantenmechanik den ersten Hinweis liefert, dass der Determinismus auf der fundamentalen physikalischen Ebene versagen könnte. (vgl. Lewis, Peter J., 2016, S. 145)

Der in der Quantenwelt beobachtete spezifische Indeterminismus passt – unglücklicherweise für die Anhänger der Willensfreiheit – nicht sehr gut zur Freiheit. Die empirische Angemessenheit der Quantenmechanik setzt voraus, dass die Ergebnisse von Messungen gemäß der Born'schen Regel zufällig verteilt sind, und der Zufall scheint mit dem freien Willen nicht besser vereinbar zu sein als der Determinismus. (ebd.) Während deterministische Gesetze jede Wahlfreiheit a priori ausschließen, funktioniert der Zufall in ähnlicher Weise, denn er lässt keine Wahl, wenn er die korrelierende Entscheidung „bestimmt". Auch das „Handeln durch Zufall" verdrängt also jeden Raum für eine freie Handlung, wie auch immer wir sie definieren. Aber was bedeutet das für Verantwortlichkeit und Rechenschaftspflicht? Eine freie Handlung ist nach Ansicht des Philosophen Robert Kane beispielsweise eine Entscheidung, für die der Handelnde letztlich verantwortlich ist, was voraussetzt, dass die Charaktereigenschaften, die zu der Entscheidung geführt haben, auf Handlungen zurückzuführen sind, die nicht kausal bedingt waren. (ebd.) Dies führt uns natürlich nur noch tiefer in den Kaninchenbau, da wir viele deterministische Faktoren finden können, die nicht nur zu diesen Charaktereigenschaften beitragen, sondern sie vielmehr definieren, wie genetische Voraussetzungen, behavioristische Einflüsse und so weiter.

Neben der Quantenmechanik gibt es eine ganze Reihe von Versuchsanordnungen, die darauf abzielen, entweder den freien Willen oder den Determinismus nachzuweisen, wobei die Möglichkeit eines Spektrums zwischen Indeterminismus und Determinismus von vornherein außer Acht gelassen wird. Vor allem die Experimente von Benjamin Libet sind weit verbreitet. Der Physiologe und erste Preisträger des Virtuellen Nobelpreises für Physiologie wurde mit seinen technisch fundierten experimentellen Untersuchungen zur Willensfreiheit berühmt. Durch die Messung der Hirnaktivität während einer Entscheidungsphase und deren Verknüpfung mit dem gemessenen Zeitpunkt einer freiwilligen motorischen Handlung versuchte Libet, den genauen Zeitpunkt der Entscheidungsfindung im Gehirn zu objektivieren. Die Teilnehmer wurden an einem Schreibtisch platziert und gebeten, einen Knopf zu drücken, der als physikalisch messbarer Indikator für die Entscheidung(sfindung) diente. Die Gehirnaktivität wurde mit EEG-Elektroden gemessen, die an der Kopfhaut der Versuchspersonen angebracht wurden. (Libet, 1985, S. 532 f.) Dann wurde der Teilnehmer angewiesen, den genauen Zeitpunkt zu markieren, zu dem „er/sie sich des Wunsches oder des Drangs zu handeln zum ersten Mal bewusst wurde". (ebd.) Zwischen diesem Zeitpunkt des ersten Bewusstseins und der physikalischen Ausführung einer Entscheidung vergingen im Durchschnitt zweihundert Millisekunden.

Während zahlreiche Wissenschaftler in Libets Experimenten einen Nachweis für die illusionäre Natur des freien Willens sahen, indem sie z. B. argumentierten, dass „bewusste Erfahrung einige Zeit braucht, um sich aufzubauen, und viel zu langsam ist, um dafür verantwortlich zu sein, dass Dinge geschehen" (Blackmore, 2009, S. 27), betrachtete Libet selbst die Ergebnisse seiner Experimente als allgemein vereinbar mit der Vorstellung von Willensfreiheit. Obwohl selbst der Erfinder dieser berühmten Versuchsreihe das Konzept des freien Willens verteidigt, vernachlässigen postliberale Autoren wie Yuval Noah Harari diese Freiheit in jeder Form und bezeichnen sie als eine ausgeklügelte Illusion, die dem „Ich" hilft, sich selbst zu betrügen. In einem Doppelschlag leugnet Harari nicht nur den freien Willen, sondern dekonstruiert auch die Einzigartigkeit und Kohärenz der Persönlichkeit und bezweifelt damit die Gültigkeit dieses traditionellen liberalen Konzepts im Allgemeinen. Für Harari gibt es keine freie Entscheidungsfindung und schon gar nicht so etwas wie einen monolithischen und festen Kern der Persönlichkeit, in dem diese Entscheidungen getroffen werden. In Bezug auf die Libet-Experimente im Besonderen und den freien Willen im Allgemeinen bietet Harari folgende Interpretation an:

> „Die Entscheidung, entweder den linken oder den rechten Knopf zu drücken, spiegelt zweifelsohne die Entscheidung der Person wider. Aber es ist keine freie Entscheidung. Tatsächlich beruht unser Glau-

be an den freien Willen auf einer falschen Logik. Wenn eine biochemische Kettenreaktion in mir den Wunsch hervorruft, den richtigen Knopf zu drücken, dann habe ich das Gefühl, wirklich den richtigen Knopf drücken zu wollen. Und das ist auch richtig so. Die meisten Menschen schließen daraus fälschlicherweise, dass ich mich entscheide, den Knopf drücken zu wollen, wenn ich es will. Das ist natürlich falsch. Ich entscheide mich nicht für meine Wünsche, ich fühle sie nur und handle danach." (Harari, 2015, S. 436 f.)

Entweder Determinismus oder Zufall, aber niemals Wahlfreiheit führt in Hararis Perspektive (und in vielen anderen Positionen der modernen Biowissenschaften) zu unserer Entscheidungsfindung. Entscheidungen, die aus einer Kettenreaktion biochemischer Hirnprozesse resultieren, können in der Tat kaum als frei getroffen angesehen werden, da sie eindeutig auf determinierten Bedingungen beruhen (vgl. ebd. S. 433). Gleiches gilt für Entscheidungen, die auf Zufall beruhen, was als eine andere Form des Determinismus angesehen werden kann.

Der aktuelle Stand der Biowissenschaften stellt alle traditionellen Annahmen des Liberalismus in Frage: Organismen sind im Wesentlichen Algorithmen verschiedener Arten und Qualitäten, daher sollten Menschen nicht als Individuen gelten, da sie eher „Dividuen" sind (ebd. S. 505). Diesen Dividuen fehlt eine kohärente innere Stimme, wie sie vermutlich von Menschen früherer Zeiten, die noch über eine bikamerale Psyche verfügten, vernommen wurden. Außerdem sind die Algorithmen, die einen Menschen ausmachen, nicht frei, sondern durch genetische Codes, erbliche Fakten und Faktoren sowie Umwelteinflüsse bestimmt (ebd.). Harari extrapoliert angesichts der Tatsache, dass Menschen die Kunst der Selbstreflexion nicht beherrschen und sich selbst nicht objektiv beurteilen können, externe (und nicht-biologische) Algorithmen könnten uns besser kennenlernen, als wir uns selbst jemals kennen könnten (ebd.). Was aber geschieht, wenn diese internen und externen Algorithmen ineinander übergehen und miteinander verschmelzen, wie bei den Brücken über die Kluft zwischen Protein und Silizium?

Gehirn-Computer-Schnittstellen haben die Macht, den Nebel der Entscheidungsprozesse im Gehirn zu klären, und damit das Potenzial, die Debatten über den freien Willen und – in der Folge – über Verantwortlichkeit und

Bewusstsein zu entkräften. Steinert, Bublitz und Friedrich schlagen vor, dass

> „Bewegungen, die weder bewusst initiiert noch während der Ausführungsphase gesteuert werden, nicht als Handlungen gelten. Nebenbei bemerkt könnte das Fehlen der Ausführungskontrolle, das in den Debatten über die Libet-Experimente oft als Schlag gegen die Verantwortlichkeit beklagt wurde, durch ein aktives BCI-Design überwunden werden, das die Unmöglichkeit der unbewussten Bewegungseinleitung sicherstellen würde." (Steinert et al, Doing things with thoughts, S. 22)

Mit anderen Worten: Handlungen müssen durch eine bewusste Entscheidung initiiert und bewusst ausgeführt werden. Jede Bewegungsinitiation setzt Bewusstsein – und damit Absicht – voraus. Für Zufall ist bei Handlungen kein Platz, denn Handlungen sind beabsichtigt, also intentional und damit auch bewusst, was die Möglichkeit der Zufälligkeit ausschließt.

Was BCI-vermittelte Handlungen so einzigartig macht, ist die ihnen innewohnende Entkörperlichung, also ihre Fähigkeit, allein durch Gedanken Kausalität zu erzeugen. Durch die Möglichkeit, die Realität ohne motorische Handlungen zu beeinflussen, werden völlig neue und nahtlose Interaktionsmöglichkeiten geschaffen. Rechtliche Konzepte der Handlungsfähigkeit, die auf „intendierten Körperbewegungen" beruhen, werden dadurch natürlich in Frage gestellt. BCI-vermittelte Ereignisse sind in diesen Konzepten keine Handlungen. (Steinert et al, Doing things with thought, S. 22). Um sie zu erfassen, müsste das Recht einen umfassenderen Begriff der Handlungsfähigkeit entwickeln, der geistige Handlungen mit Außenwirkung erfassen kann. (ebd.) Solche Bestrebungen würden unweigerlich in Konflikt mit der traditionellen Auffassung von Willens- und Gedankenfreiheit stehen. Nutzer von BCIs müssten Einschränkungen ihrer Freiheit, zu denken, was sie wollen, in Kauf nehmen, sofern sie dadurch in die Rechte anderer eingreifen können. (ebd.) Diese neuartigen Pflichten zur Überwachung des eigenen mentalen Zustands und die Funktion von BCIs im Allgemeinen können dazu führen, dass die Nutzer eine Metakognition entwickeln. (Steinert et al, Doing things with thought, S. 22) Schließlich bieten BCI-Technologien auf neuartige Weise Zugang zum Gehirn, was ein Überdenken der juristischen Doktrinen erforderlich machen würde. Das ist keine Überraschung, denn der Geltungsbereich des Rechts endet dort, wo die soziale Sphäre endet. Wenn sich durch Neurotechnologien der Geltungsbereich auf den Verstand ausweitet, müssen konsequenterweise auch die normativen Grenzen neu gezogen werden. (ebd.) Es wird von größter Wichtigkeit sein, diese absehbaren rechtlichen Probleme zu lösen und einen neuen Rechtsrahmen zu verabschieden, bevor BCI weit verbreitet und einflussreich werden.

Das emulierte Gehirn

Viele weitere Gefahren der beschriebenen Neurotechnologien bestehen bereits im Hier und Jetzt. Um mit einem anschaulichen Beispiel zu beginnen: Wie würde es sich anfühlen, sich vorzustellen, wenn Hacker in das eigene Gehirn eindringen könnten, um die intimsten kognitiven Daten auszulesen? Oder die Richtung und Qualität der Gedanken zu verändern? Oder bestimmte Erinnerungen zu löschen, während andere willkürlich implantiert werden? Was bisweilen entweder unmöglich oder wie ein unwahrscheinliches Science-Fiction-Szenario klingt, hat jedoch einen sehr realen Hintergrund:

> „Der Dual-Use-Charakter der Neurotechnologie macht sie auch zu einem potenziellen Ziel für nichtstaatliche Akteure. Da viele Neurotechnologien auf Berechnungen und Informationsverarbeitung beruhen, sind sie potenziell anfällig für Cyberrisiken. Obwohl es keine bestätigten Fälle von böswilligen Angriffen in nicht-experimentellen Umgebungen gibt, haben Informationssicherheitsforscher experimentell die tatsächliche Durchführbarkeit von Cyber-Angriffen und die Extraktion privater Informationen von Nutzern EEG-basierter BCIs ohne deren Genehmigung demonstriert". (Lierfeld, 2023, S. 73)

Vor nicht allzu langer Zeit schien ein solches Alptraumszenario zwar im Rahmen von Science-Fiction-Serien wie „BLACK MIRROR" oder „WESTWORLD" vorstellbar, nicht aber in der Realität. Aber Hacker sind nur eine mögliche Gefahrenquelle. Andererseits wäre eine sorgfältige Auswahl der ersten Menschen, deren Gehirne mit einer leistungsfähigen KI verbunden werden, zwingend erforderlich. Denn eine solche kumulative Kognition würde die Intelligenz jedes menschlichen Mitbewerbers um einen unbekannten Faktor übertreffen und so eine Art spontane und zeitlich begrenzte AGI (Artificial General Intelligence) schaffen. AGI gilt dann als erreicht, wenn die Intelligenz einer KI eine Parität mit der Menschheit erreicht hat, also mindestens gleichwertig zur kombinierten Intelligenz der gesamten menschlichen Spezies ist. Ein menschlicher Verstand, der plötzlich mit einem überwältigenden Zugang zu Wissen und Mustererkennung ausgestattet ist, beispiellose kognitive Fähigkeiten erlangt und das Beste aus biologischem und maschinellem Denken vereint, würde vielleicht auch ethische Grenzen hinter sich lassen. Möglicherweise hätte ein solcher erweiterter Verstand ein Maß an Erleuchtung, mit dem die Mängel der Ethik nicht nur glasklar erkannt würden, sondern diese menschliche Voreingenommenheit auf eine radikale Weise überwinden könnte, was aus menschlicher Sicht womöglich als grausam und unmenschlich im wahrsten Sinne des Wortes empfunden würde.

Neurologische Prinzipien und Modelle

> „Wenn man das Gehirn auf die Größe einer Mühle aufblasen und darin herumgehen könnte, würde man kein Bewusstsein finden."
>
> *Gottfried Wilhelm Leibniz*

Gehirn-Computer-Schnittstellen gelten als „Gedankenlesegeräte", die buchstäblich „mind reading" ermöglichen, indem sie mentale Zustände direkt aus den grauen (und weißen) Zellen, von denen sie produziert werden, extrahieren. Aber ist das so überhaupt möglich? Immerhin hat das Gehirn in den fast zwei Jahrhunderten moderner Neurologie nicht nur die meisten seiner Geheimnisse bewahrt, sondern auch einige neue Rätsel hinzugefügt, die noch lange nicht gelöst sind. Namentlich handelt es sich bei diesen neuen Rätseln um das zweistufige Bindungsproblem des Bewusstseins, David Chalmers „hard problem of consciousness" oder auch das enorme Anpassungspotenzial des Gehirns, das sich in seiner unvergleichlichen Plastizität äußert. Letztlich erscheint es jedenfalls als gewagtes Unterfangen, sich auf eine Reise mit dem Ziel eines wortwörtlichen Auslesens von Gedanken zu begeben, bevor das Gehirn – aus dem sich der Geist unweigerlich ableitet – vollständig verstanden worden ist.

Der enorme Ehrgeiz der BCIs steht in krassem Gegensatz zu den bereits heute existierenden Werkzeugen des Gedankenlesens, nämlich den sogenannten „recommender systems“ oder den Empfehlungssystemen. Diese Methoden benötigen stets einen ersten Hinweis, der vom Gehirn abgesondert wird; dieser Hinweis setzt die Suche nach ähnlichen Mustern in Gang, die zu dem ursprünglichen Muster passen. Das macht Empfehlungssysteme nicht nur zu großartigen Prädiktoren, sondern zu noch größeren Manipulatoren. Zumindest können wir nie wissen, ob wir das gleiche Buch gekauft hätten, wenn das Empfehlungssystem von Amazon diese nicht für unsere Kauf- und Suchhistorie als passend empfunden hätte. In diesem Sinne könnten diese prädiktiven Analysatoren dem freien Willen – der bereits als komplexe Illusion dekonstruiert wurde – ein Ende setzen, indem sie die bisher unbekannten Puppenspieler verkörpern, die die Fäden für das Individuum ziehen. Sämtliche „recommender systems“ stützen sich auf Interpretationen, die auf einer probabilistischen Basis arbeiten, aber nicht direkt durch die Erste-Person-Perspektive verifiziert werden können, was ganz einfach daran liegt, dass immer Interpretationen und Mustererkennung im Spiel sind – jedoch kein direkter und nahtloser Zugang zur Sphäre der Qualia. Die Mustererkennung analysiert, was in der Vergangenheit „geliked“ wurde – sei es buchstäblich auf Facebook oder durch Kundenentscheidungen – und die Vorschläge der Empfehlungssysteme basieren auf den entstehenden Mustern. Dies kann durch das Angebot ähnlicher Artikel geschehen, aber auch durch die Antizipation komplexerer Muster.

Der Laplacesche Dämon scheint dabei keineswegs ewige Datenströme zu benötigen, um zukünftige Zustände des Systems zu extrapolieren; bereits 300 Facebook-Likes scheinen auszureichen, um ein recht genaues Profil einer Person zu erstellen. In einer Studie (Youyou et al., 2015) wurden Facebook-„Likes“ und Persönlichkeitsprofile von mehr als 86.000 Freiwilligen gesammelt. Die Persönlichkeitsprofile wurden über Umfragen gewonnen, in denen (unter anderem) die politischen Einstellungen der Befragten und die „Big Five“-Persönlichkeitsmerkmale erfasst wurden, d. h. Extrovertiertheit, Verträglichkeit, Offenheit, Gewissenhaftigkeit und Neurotizismus. (siehe Peters, 2021, S. 1) Mit Hilfe des maschinellen Lernens wurde dann ein Algorithmus trainiert, um Muster in den Daten zu finden und die Facebook-„Likes“ von Personen genau mit ihren Persönlichkeitswerten in Verbindung zu bringen. Wurden dem Algorithmus anschließend (z. B. 300)

„Likes" von Teilnehmern vorgelegt, die er zuvor nicht kannte, konnte er viele der psychologischen Merkmale der Personen (z. B. politische Einstellungen und die Big Five) genauer vorhersagen als die Ehepartner der Personen (Youyou et al., 2015).

Was wir in diesem Zusammenhang nicht vergessen dürfen, ist, dass wir uns immer noch auf die Interpretation der gewonnenen Daten verlassen müssen, was dem Mindreading im eigentlichen Sinne widerspricht. Während Interpretationen auf einer probabilistischen Basis erstaunlich gut funktionieren, können sie auch versagen. So stößt Mindreading an seine Grenzen, wenn es nur mit Rohdaten konfrontiert wird, ohne echte emotionale oder intentionale Äußerungen (z. B. Mikrogesichtsausdrücke), die verlässliche Rückschlüsse auf den mentalen Zustand der Personen zulassen. Dem Ausspruch *„den Gegenstand/Wunsch zu erkennen, bevor man ihn selbst kennt"* wohnt ein Unsicherheitsprinzip inne, da selbst aus der Erste-Person-Perspektive nicht zuverlässig festgestellt werden kann, ob das System wirklich den wahren Wunsch der Person gefunden hat – oder ob es das Individuum lediglich auf subtile Weise zu diesem Glauben manipuliert hat.

Sämtliche Empfehlungssysteme benötigen eine Ausgangsinformation, z. B. ein Buch, das auf Amazon gekauft wurde, oder einen Film, der auf Netflix angesehen wurde, um das angebliche Gedankenlesen durchzuführen und das nächste Buch oder den nächsten Film zu empfehlen. Im Gegensatz dazu benötigen BCIs und BMIs keine Ausgangsinformationen, um zu funktionieren, da sie direkt in das Gehirn „schauen". Aber das schließt Interpretationen und die Fehler, die mit ihrer Anwendung einhergehen, nicht wirklich aus. Der aktuelle Stand der Technik bei BCIs kann Gedanken nur durch die Analyse motorischer Signale „auslesen", allerdings mit erstaunlichen Ergebnissen. So ist zum Beispiel bereits ein Gedankenlesegerät im Einsatz. Dieses BMI kann gelähmten Menschen helfen, viel schneller zu schreiben als auf einer speziellen Tastatur – die Patienten schreiben allein durch Gedanken. Aber handelt es sich hier wirklich um Gedankenlesen? Schließlich liest das BMI „nur" die motorischen Signale, die im Gehirn erzeugt werden, während sich der Patient vorstellt, mit der Hand zu schreiben. Die zugrundeliegenden Gedanken selbst können noch nicht ausgelesen werden. Und der „Elefant im Raum" ist: Wird dies jemals möglich sein, oder ist dies eine von vornherein unmögliche Aufgabe, die nicht erfüllt werden kann?

Um Licht in diese Frage zu bringen, ist es von entscheidender Bedeutung, die Funktionsweise des Gehirns besser zu verstehen. Insbesondere ist es von eminenter Bedeutung zu erklären, wie das Gehirn seine verschiedenen Funktionen organisiert, wie und wo im Gehirn diese Funktionen realisiert werden und wie das Gehirn seine enorme Plastizität und Adaptionsfähigkeit erlangt. In dieser Hinsicht ist ein intellektueller Kampf zwischen dem Ansatz der strikten Lokalisierbarkeit von Gehirnfunktionen und dem Gegenkonzept der Distribution im Gange. Außerdem ist es von großem Interesse, Lösungen für die grundlegenden Rätsel des Gehirns zu finden, wie das Bindungsproblem des Bewusstseins. Doch keines der zerebralen Mysterien lassen sich allein mit dem Lokalisierungsansatz erklären. Wie wir noch sehen werden, ist die Distributionstheorie mit der Lokalisationstheorie nicht vollständig unvereinbar, bietet aber einen teilweise kompatiblen, vielseitigeren und plausibleren Ansatz.

Eine weitere Debatte dreht sich um die neurozentrische und die gliazentrische Perspektive auf das Gehirn. Während sich ein Großteil der BMI-Forschung und der angeschlossenen Community ausschließlich auf die graue Substanz und die damit verbundenen neurologischen Vorgänge konzentriert, wird dabei ein Zehnfaches an Daten – nämlich diejenigen, die aus der weißen Substanz (den Gliazellen) stammen – ausgeklammert. Aufgrund dieser bemerkenswerten Schieflage ist die Diskussion nicht in der Lage, ein vollständiges Bild des Gehirns und seiner verschiedenen Aktivitäten zu zeichnen. Wie wir sehen werden, sorgen die Gliazellen der weißen Substanz für die riesige und nahtlose Vernetzung des Gehirns, und jeder Teil, der von diesem zugrunde liegenden Netzwerk aus weißer Substanz abgeschnitten ist, wird von den harmonischen Symphonien des Gehirns ausgeschlossen – eine Erkenntnis, die im wissenschaftlichen Konflikt zwischen Lokalisierung und Distribution von großer Bedeutung ist. Sie zeigt aber auch: Ursache und Ergebnis müssen korrekt identifiziert und interpretiert werden, um hinreichend valide Schlussfolgerungen zu ermöglichen.

Wie wir an berühmten historischen Fällen wie dem schwer verwundeten und daraufhin grundlegend veränderten Eisenbahnarbeiter Phineas Gage (der sowohl zum Nachweis als auch zur Widerlegung des Konzepts des freien Willens sowie der Idee der funktionalen Lokalisation von Hirnarealen instrumentalisiert wurde) oder dem Läsionspatienten des renommierten Anthropologen und Chirurgen Paul Broca sehen werden, scheint es unter den Befürwortern lokalisierter Hirnfunktionen eine deutliche Tendenz zu geben, alle Ergebnisse im Lichte dieser speziellen Theorie zu interpretieren. Die Einbeziehung der Gliazellen in die Analyse erscheint jedoch ebenso notwendig wie fruchtbar. Der Distributionismus zielt nicht darauf ab, lokalisierbare funktionelle Hirnbereiche a priori zu widerlegen, sondern kann eine zumindest teilweise kompatible Perspektive bieten, die auch darauf abzielt, unser Verständnis für die enorme Vielseitigkeit des Gehirns zu erweitern und zu vertiefen.

Lokalisierbare Hirnfunktionen

> „Es gibt im menschlichen Geist eine Gruppe von Fähigkeiten und im Gehirn eine Gruppe von Konvoluten, und die von der Wissenschaft zusammengetragenen Tatsachen erlauben es, wie ich bereits sagte, zu behaupten, dass die großen Regionen des Geistes den großen Regionen des Gehirns entsprechen."
>
> *(Paul Broca)*

Die Vorstellung, bestimmte Hirnfunktionen seien in bestimmten Hirnregionen eingebettet und realisiert, existiert nun schon seit fast zwei Jahrhunderten. Das Aufkommen der Lokalisierungstheorie erfolgte beinahe zeitgleich mit dem Aufkommen der modernen Neurologie selbst, und es war dabei sicherlich eine Art Goldgräberstimmung am Werk. Die anscheinende Entdeckung lokalisierter Hirnfunktionen war ein früher Erfolg, der die Ambitionen der ersten Neurologen nährte. Obwohl viele der Konsequenzen der lokalisierenden Sichtweise nicht nur kontraintuitiv im Hinblick auf die Ergebnisse der modernen Forschung sind, sondern auch in enormem Widerspruch zu einem großen Teil der unvergleichlichen Fähigkeiten des Gehirns stehen (allen voran seiner enormen Plastizität), ist der lokalisierende Ansatz noch immer nicht allgemein widerlegt worden. Dies ist zumindest teilweise auf die lange Tradition zurückzuführen, die dieser Ansatz genießt.

Der merkwürdige Fall von Phineas Gage ist ein regelmäßig angeführtes Beispiel zur Untermauerung des traditionellen Ansatzes. Immerhin scheint Gage durch die Eisenstange, die durch seinen Frontallappen gejagt wurde, stark verändert worden zu sein, und diese Veränderungen seiner Persönlichkeit wurden auf die Schädigung dieses spezifischen Hirnbereichs zurückgeführt. Andererseits hatte Gage einen relativ normalen Geisteszustand wiedererlangt – obwohl er von Wut geplagt war und sich in einen jähzornigen Mann verwandelt hatte – was als Zeichen für die enorme Plastizität des Gehirns und als Gegenargument für die Lokalisierungsperspektive gedeutet werden. Tatsächlich wurde Gages Schicksal in beide Richtungen interpretiert, wenn auch mit einem viel stärkeren Fokus auf die Lokalisierungsperspektive.

Von Trepanationen zur Zyto-Architektur

Die frühesten Vertreter der Lokalisationsperspektive könnten die prähistorischen „Chirurgen" sein, die vor etwa zehn Jahrtausenden in Marokko die ersten primitiven Trepanationen durchführten. In der festen Überzeugung, den „Patienten" von dämonischer Besessenheit, Wahnsinn oder anderen psychologischen oder neurologischen Problemen zu heilen, öffneten die Stammes-Chirurgen den Schädel, um Dämonen oder andere Eindringlinge zu befreien. Obwohl nicht ganz klar ist, ob die Trepanationen in der Steinzeit eher rituell motiviert waren oder ein echtes Interesse an Medizin und Wissenschaft hatten, wurde die krude Methode der Trepanation von Anthropologen des 19. Jahrhunderts wieder aufgegriffen.

Einer der bedeutendsten Innovatoren auf dem Gebiet der aufkommenden Neurologie und insbesondere der sich entwickelnden Lokalisationsperspektive war der französische Anthropologe und Chirurg Paul Broca (1824-1880). Broca, der für seine grundlegenden Arbeiten über die Lage der Großhirnrinde und die Sprachmechanismen bekannt ist, führte selbst Trepanationen durch, nachdem er archäologische Funde von Schädeln mit Bohrlöchern studiert hatte. Im Jahr 1874 behandelte Broca einen Patienten, der nach einer Läsion des linken Frontallappens nicht mehr sprechen konnte. Mit dem Verdacht auf einen intrakraniellen Abszess führte Broca eine Trepanation im Bereich der linken dritten Frontalfalte durch und drainierte einen epiduralen Abszess. Der Patient erholte sich zunächst zwar, starb aber einige Tage später. Die Autopsie ergab eine linksseitige, vorwiegend frontale eitrige Meningoenzephalitis.

Wie Phineas Gage wurde auch dieser Patient von den Lokalisations-Anhängern benutzt, um ihre Kernthese zu stützen, dass bestimmte Funktionen an ebenso bestimmte Hirnareale gebunden sind. Doch auch dieser Fall ist nicht so eindeutig, wie er interpretiert wurde. Es ist sehr wahrscheinlich, die Aphasie als Folge eines Schlaganfalls letztlich auf die Zerstörung der weißen Substanz zurückführen zu können, die unter der grauen Substanz liegt und im Wesentlichen alle Hirnareale mit dem Frontallappen verbindet (Nicolelis, 2011, S. 284). Da ein solch grundlegender Zusammenbruch des zugrundeliegenden neurologischen Netzwerks einer *„katastrophalen kortikalen Unterbrechung"* gleichkommt, könnte Brocas Patient seine Fähigkeit zu sprechen sehr wohl aufgrund der massiven Unterbrechung durch den Schlaganfall verloren haben – und nicht aufgrund der Zerstörung des Frontallappens selbst (vgl. Nicolelis, 2011, S. 284).

Mit dem Aufkommen der Histologie entstand die Zytoarchitektonik, eine Disziplin, die darauf abzielte, die Zusammensetzung der verschiedenen Gewebe des zentralen Nervensystems auf zellulärer Ebene zu analysieren. Sogenannte Zytoarchitekten begannen, verschiedene Hirnfunktionen bestimmten Hirnarealen zuzuordnen und in der Folge „topografische Karten" des Gehirns zu erstellen. Einer dieser Versuche, das Gehirn zu kartographieren, hat sich bis heute bewährt: die vom deutschen Neurologen Korbinian Brodmann (1868-1918) entwickelte Zytoarchitektur. Brodmann teilte die Großhirnrinde in 52 verschiedene Bereiche ein, die nach ihm benannt wurden: die so genannten „Brodmann-Areale". In seinem klassischen Aufsatz von 1909 dokumentierte Brodmann Daten, die von einer Vielzahl von Tierarten stammen. (Nicolelis, 2011, S. 49) Brodmann identifizierte auf der Grundlage dieser Erkenntnisse 49 verschiedene kortikale Areale. (siehe ebd.) Zu diesen „Brodmann-Arealen" gehören der somatosensorische Kortex, der primäre motorische Kortex, das „Wernicke-Areal" (nach dem deutschen Neurologen Carl Wernicke, 1848-1905) und das „Broca-Areal" (nach dem bereits erwähnten Paul Broca). Zusammen bilden das „Wernicke-Areal" (sensorische Sprachregion) und das „Broca-Areal" (motorische Sprachregion) das allgemeine Sprachzentrum. Heute ist die Brodmannsche Hirnkartographie um Unterteilungen (wie 23b und 23c) ergänzt worden, ist aber ansonsten unverändert geblieben und wird nach wie vor als die unbestrittene „funktionelle Hirnkarte" verwendet.

Intuitiv erscheint es plausibel, funktionelle Bereiche innerhalb der Großhirnrinde zu lokalisieren. Schließlich funktioniert der ganze Körper so: Die Ohren sind für das Hören, die Augen für das Sehen, die Füße für das Gehen gemacht usw. Auf die Spitze getrieben, gilt der Lokalisierungsansatz jedoch als gescheitert. Das berüchtigte „Großmutterneuron" zum Beispiel geht davon aus, ein einziges Neuron sei für das Erkennen der eigenen Großmutter zuständig. Was aber, wenn dieses eine Neuron durch Apoptose (programmierter Zelltod) oder eine andere Ursache des Zelluntergangs stirbt? Würde das bedeuten, dass die Person die geliebte Großmutter nicht mehr erkennen kann? Tatsächlich kann es zu einem solchen grundlegenden Gedächtnisverlust kommen, zum Beispiel bei Schädel-Hirn-Traumata oder der Alzheimer-Krankheit. Obwohl noch nicht bekannt ist, wie genau Störungen der Produktion und Aggregation des Beta-Amyloid-Peptids zur Pathologie der Alzheimer-Krankheit führen, weist die Amyloid-Hypothese traditionell auf die Anhäufung von Beta-Amyloid-Peptiden als zentrales Ereignis hin, das die Degeneration von Nervenzellen auslöst. Die Anhäufung aggregierter Amyloidfibrillen, bei denen es sich vermutlich um eine toxische Form des Proteins handelt, die für die Störung der Kalzium-Ionen-Homöostase der Zelle verantwortlich ist, löst die fatale Apoptose aus, die die Erinnerungen absterben lässt. Wie vage die Ursache der Alzheimer-Krankheit auch immer sein mag, wir sehen, dass es viel mehr zelluläre Schäden und synaptische Kürzungen braucht als das Absterben eines einzigen Neurons, um eine bestimmte Information im Gedächtnis eines Individuums zu löschen, ganz zu schweigen von der gesamten Erinnerung an einen nahen Verwandten. Die Lokalisierungsansicht stößt auch an ihre Grenzen, wenn es darum geht, die Plastizität des Gehirns zu erklären. Wenn funktionelle Bereiche strikt für die zugeschriebenen Funktionen reserviert wären, wie ist es dann möglich, dass Menschen, deren motorisches Zentrum oder Sprachzentrum durch einen Schlaganfall zerstört wurde, wieder laufen oder sprechen lernen können? Diese Fälle sind starke Gegenargumente für die strikte Lokalisierung von Funktionen im Gehirn.

Der distributionistische Ansatz

> „Aufgrund ihrer besonderen Morphologie sind Neuronen hochspezialisiert auf den Empfang und die Weiterleitung kleinster elektrochemischer Botschaften über ihre zellulären Kontakte, die Synapsen, mit denen sie mit anderen Neuronen kommunizieren. Über diese immens vernetzten und hochdynamischen zellulären Netzwerke, die prosaisch als neuronale Schaltkreise bezeichnet werden, geht das Gehirn seiner Hauptaufgabe nach: der Erzeugung einer Vielzahl spezialisierter Verhaltensweisen, die zusammengenommen das definieren, was wir gewöhnlich und mit Stolz als menschliche Natur bezeichnen."
>
> *(Nicolelis, 2011, S. 5)*

Im Gegensatz zur Lokalisation geht der distributionistische Ansatz von einer Vielzahl feuernder Neuronen aus, die räumlich und zeitlich über den Kortex verteilt aktiv werden und eine neuronale Symphonie koordinierter und hocheffizienter Funktionen bilden, die an verschiedenen Stellen im Gehirn realisiert werden – unabhängig davon, ob es sich dabei um motorische Signale, mathematische Berechnungen oder tiefgründige philosophische Überlegungen handelt. Die physikalischen Korrelate, die auftreten, wenn das menschliche Gehirn das tut, was wir Denken nennen, können als ein Strom aktivierter Neuronen gemessen werden, die sich in einer bestimmten, jedoch schwer vorhersehbaren Zeit und in einem bestimmten Raum miteinander verbinden und interagieren, um dabei zu mehr als der Summe ihrer Teile zu werden. Mit der distributionistischen Sichtweise brechen wir auch die strenge und kodierte Beziehung zwischen der Position des Neurons im Gehirn und der Funktion, wie sie von der Lokalisierungssichtweise angenommen wird, auf. Der Distributionismus impliziert nicht nur, dass die funktionelle neuronale Aktivität über das gesamte Gehirn verteilt ist und sich dabei frei und nahtlos über die 52 verschiedenen von Brodmann definierten funktionellen Hirnareale bewegt, sondern auch, dass bestimmte Hirnareale für eine Vielzahl von Funktionen genutzt werden. Während Lokalisierungstheoretiker klar umrissene, wohldefinierte und – was am wichtigsten ist – exklusive Funktionen genau definierten Regionen und im Extremfall sogar einzelnen Neuronen (wie dem berüchtigten „Großmutterneuron") zuordnen, vernachlässigen Distributionstheoretiker solche Zuschreibungen zugunsten eines hochgradig anpassungsfähigen, lebendigen und selbstregulierenden Organismus. Und während die lokalisierungstheoretische Perspektive die großen zerebralen Rätsel, wie beispielsweise das Bindungsproblem oder die enorme Plastizität des Gehirns, nicht erklären kann – und sogar mit diesen Phänomenen unvereinbar bleibt –, liefert der Distributionismus kohärente Erklärungen dafür, warum das Gehirn in der Lage ist, vermeintlich unverbundene Ströme eingehender Daten miteinander zu verschmelzen oder ein funktionelles Gehirnareal durch ein anderes zu ersetzen.

Die Unschärferelation der Neurophysiologie

Während sich die Lokalisierungsperspektive ausschließlich auf die *räumlichen Eigenschaften* der neuronalen Aktivität und Funktion konzentriert, vernachlässigt sie dabei den Faktor *Zeit* völlig. Es scheint jedoch entscheidend zu sein, die Zeit in die Analyse des neuronalen Feuerns einzubeziehen, da sich die riesigen Ströme elektrischer Potenziale, die bei jedem geistigen Prozess auftreten, schnell durch die Großhirnrinde bewegen und nicht lange in einem bestimmten räumlichen Bereich verbleiben. Folglich argumentiert Nicolelis, dass es nur sinnvoll ist, beide Eigenschaften – räumliche Position und zeitlicher Bereich – zu berücksichtigen, um die Hirnaktivität zu messen und zu analysieren. Und da weder der räumliche noch der zeitliche Bereich streng definiert sind, sondern in kontinuierlicher (wenn auch kaum vorhersehbarer) Weise im gesamten Cortex umherschweben, erscheint es sinnvoll, diese Aktivitäten als ein Kontinuum zu betrachten – nämlich ein Raum-Zeit-Kontinuum:

> „Man kann den räumlichen Bereich eines bestimmten neuronalen rezeptiven Feldes nicht definieren, ohne einen bestimmten Zeitpunkt zu spezifizieren. Mit anderen Worten, die räumlichen und zeitlichen Bereiche des neuronalen Feuerns sind eng miteinander gekoppelt und definieren ein neuronales Raum-Zeit-Kontinuum." (Nicolelis, 2011)

Dieses Raum-Zeit-Kontinuum könnte sehr wohl die Schwelle zu präzisen physikalischen Messungen markieren, was bedeutet, es eher als ein Spektrum (von Möglichkeiten) zu betrachten, wie es beispielsweise in der Quantenmechanik praktiziert wird: „Die Unschärferelationen geben die Grenzen an, jenseits derer die Konzepte der klassischen Physik nicht angewendet werden können." (Berkeley Physics Course Vol. 4, Quantenphysik, 1967, 1971, S. 17)

Das *„Unschärfeprinzip der Neurophysiologie"*, wie Miguel Nicolelis es prägte, hat große Ähnlichkeit mit dem weltberühmten Unschärfeprinzip von Werner Heisenberg, der postulierte, dass jedem Versuch, dynamische Variablen innerhalb eines Systems von raum-zeitlichen Faktoren präzise zu messen, eine inhärente Unschärfe zugrunde liegt:

> „Wenn wir nun realistische Messverfahren in der Mikrophysik analysieren, stellt sich heraus, dass eine Messung immer das System stört; es gibt eine charakteristische, unvermeidliche Wechselwirkung zwischen dem System und dem Messgerät. Wenn wir versuchen, die Position eines Teilchens sehr genau zu messen, werden wir es so stören, dass seine Position sehr unsicher ist. Wenn wir versuchen, sowohl die Position als auch den Impuls des Teilchens gleichzeitig zu messen, dann werden diese beiden Messungen notwendigerweise so miteinander interferieren, dass die Genauigkeit des Endergebnisses stark beeinträchtigt wird." (Berkeley Physics Course Vol. 4, Quantenphysik, 1967, 1971, S. 17)

Mit anderen Worten: Jede Messung, die sich entweder auf den räumlichen oder den zeitlichen Bereich konzentriert, lässt den jeweils anderen Bereich unsicher und somit *unscharf* werden, während die Konzentration auf beide Bereiche zu Interferenzen zwischen beiden führt. Je genauer die räumliche Position gemessen wird, desto unschärfer wird die zeitliche Messung, und umgekehrt. In Bezug auf die Messung der Hirnaktivität beobachtet Nicolelis eine ähnliche Unschärfe, die im neuronalen Raum-Zeit-Kontinuum auftritt. Um das damit verbundene Dilemma der Unbestimmbarkeit zu lösen, plädiert Nicolelis für eine Methode, die die Kopplung von räumlichem und zeitlichem Bereich integriert und sich eher auf die Dynamik selbst als auf die strikte Messung von räumlichen oder zeitlichen Eigenschaften konzentriert. Wie Nicolelis in „Das asynchrone Konvergenzprinzip" ausführt,

> „... werden das rezeptive Feld eines einzelnen Neurons und die in Hirnregionen eingebetteten Karten durch die asynchrone räumlich-zeitliche Konvergenz mehrerer aufsteigender, lokaler und absteigender Einflüsse definiert, die von einer Vielzahl anderer Neuronen ausgehen. Rezeptive Felder und Karten können nur dann richtig definiert werden, wenn ihre räumlichen und zeitlichen Bereiche in einem einzigen Raum-Zeit-Kontinuum gekoppelt werden." (Nicolelis, 2011, S. 113)

In der Tat scheint die zeitliche Eigenschaft ein entscheidender Faktor bei der Identifizierung und Analyse von Gehirnaktivitäten zu sein; der zeitliche Bereich könnte mindestens so wichtig sein wie der räumliche, wenn nicht sogar noch bedeutsamer. Der zeitliche Bereich ist beispielsweise entscheidend für den freien Willen und die oben erwähnten Libet-Experimente. Jeder Messfehler würde das Experiment und die aus ihm abgeleiteten Interpretationen stark verfälschen. Die alleinige Betrachtung des Ortes, an dem die neuronale Aktivität stattfindet, beschränkt die eigene Perspektive auf eine von zwei Koordinaten und reduziert und verzerrt damit die möglichen heuristischen Erkenntnisse. Es ist zwar wichtig zu wissen, *wo* die Hirnaktivität stattfindet, aber mindestens ebenso wichtig ist es, zu messen, *wann* sie stattfindet. Im Gegensatz zu Heisenbergs klassischer Quanten-Unschärferelation postuliert Nicolelis' neurologische Unschärferelation, dass beide Eigenschaften – die räumliche und die zeitliche Variable – gemessen und berücksichtigt werden müssen, um ein bestimmtes neuronales rezeptives Feld zu analysieren. Die Unsicherheit würde also steigen, wenn nur eine der beiden dynamischen Eigenschaften des neuronalen Systems gemessen würde. Die Interferenz zwischen den beiden Variablen, die in der Heisenbergschen Unschärferelation problematisch ist, ist im Rahmen der neurologischen Unschärferelation von Nicolelis tolerierbar. Mit dem neurologischen Unschärfeprinzip und dem asynchronen Konvergenzprinzip schafft Nicolelis eine starke und kohärente Gegenperspektive zum Ansatz der strikten Lokalisation von Hirnfunktionen, ohne den traditionellen Ansatz als völlig irrelevant zu betrachten. Stattdessen bestätigt Nicolelis die grundlegende Lokalisierbarkeit von Hirnaktivität; dennoch ist die strenge Zuordnung, die aktivierte Bereiche als auf bestimmte Funktionen beschränkt erklärt, die exklusiv für diesen Bereich sind, zu unflexibel für die entropische und sich schnell verändernde Aktivierung verschiedener Hirnabschnitte. Daher ist der Distributionismus nicht völlig unvereinbar mit dem Lokalisationismus, sondern fügt eine adaptive Dimension hinzu, die durch alle Arten von Messungen der Hirnaktivität, sei es EEG, elektromagnetische Prozesse oder Stoffwechselaktivität, stark unterstützt wird. Daher sollten die räumlich-zeitlichen Bereiche der Gehirnaktivität bei jedem Versuch, das Gehirn zu kartieren, berücksichtigt werden.

Brain mapping

Der renommierte Neurowissenschaftler Karl J. Friston hat die Methode des „Statistical Parametric Mapping" (SPM) entwickelt, die sich auf die Konstruktion und Bewertung räumlich ausgedehnter statistischer Prozesse bezieht, die zur Prüfung von Hypothesen über funktionelle Bildgebungsdaten verwendet werden. Während die Charakterisierung eines regionalspezifischen Effekts auf Inferenz, Schätzung und Interpretation beruht, beinhalten Inferenzen im Neuroimaging Unterschiede, die greifbar werden, wenn die Gehirne mehrerer Probanden verglichen werden. Statistisches parametrisches Mapping (SPM) wird im Allgemeinen verwendet, um funktionell spezialisierte Gehirnreaktionen zu identifizieren, und ist der am weitesten verbreitete Ansatz zur Charakterisierung der funktionellen Anatomie und krankheitsbedingter Veränderungen. SPM ist ein voxelbasierter Ansatz und nutzt die klassische Inferenz, um lokal spezifizierte Reaktionen auf experimentelle Faktoren zu analysieren. Um eine beobachtete Reaktion einer bestimmten Hirnstruktur oder einem kortikalen Bereich zuzuordnen, müssen die gewonnenen Daten mit einer bekannten anatomischen Struktur übereinstimmen. Während die funktionelle Lokalisierung impliziert, dass eine bestimmte Funktion irgendwo im Kortex (und nur dort) lokalisiert werden kann, impliziert die Spezialisierung, dass ein bestimmtes kortikales Gebiet auf bestimmte Funktionen spezialisiert ist, sei es im Zusammenhang mit Wahrnehmungsprozessen oder der motorischen Kontrolle. Beide Aspekte – funktionelle Lokalisierung und Spezialisierung – müssen im „großen Ganzen", dem Gehirn selbst, miteinander verbunden sein. An dieser Stelle kommt die weiße Substanz ins Spiel, die sich von der grauen Substanz deutlich unterscheidet. LeDoux bringt die heutige Auffassung von der überragenden Bedeutung der synaptischen Funktion auf den Punkt:

> „Das meiste, was das Gehirn tut, wird durch synaptische Übertragungen zwischen Neuronen und durch den Abruf von Informationen erreicht, die durch frühere Übertragungen über Synapsen beendet wurden. Angesichts der Bedeutung der synaptischen Übertragung für die Funktion des Gehirns sollte es praktisch eine Binsenweisheit sein zu sagen, dass das Selbst synaptisch ist. Was sollte es sonst sein?" (Friston, 1994, S. 24)

Die Synaptologen kamen jedoch schon vor Jahren zu dem Schluss, dass die Synapse allein nicht für eine so weitreichende Interpretation verantwortlich sein kann. Sie stellen fest:

> „Es wird auch immer deutlicher, dass Synapsen nur einen Teil des gesamten Spektrums an Interaktionen ausmachen, die zwischen Neuronen und Glia bestehen und die zu ihren funktionellen Eigenschaften bei der Vermittlung von Verhalten beitragen. Neuroglia tragen zur Verarbeitung von Informationen durch Neuronen durch eine Vielzahl von Mechanismen bei, die traditionell als nicht-neuronal und nicht-synaptisch angesehen werden". (Friston, 1994, S. 25)

Friston zufolge „... scheint das Gehirn zwei Prinzipien der funktionellen Organisation zu folgen: funktionelle Segregation und funktionelle Integration." (Friston, 1994, ebd.)

Dies liest sich wie eine Analogie zwischen lokalisierter und verteilter Hirnfunktion, also eine Synthese zwischen dem traditionellen und dem avantgardistischen Ansatz. Friston fährt fort und erklärt, dass „die Integration innerhalb und zwischen funktionell spezialisierten Bereichen durch funktionelle oder effektive Konnektivität vermittelt wird." (ebd.) Diese Konnektivität lässt sich als die verteilten Ströme aktivierter Neuronen erklären, die überall im Kortex feuern und die vielen verschiedenen Funktionsbereiche verbinden, die in eben diesem Kortex identifiziert wurden.

Gedanken, Wahrnehmungen, motorische Signale und deren Verarbeitung finden offenbar nicht in streng getrennten, exklusiven Teilen des Gehirns statt, sondern sind das Ergebnis einer verteilten Zusammenarbeit, selbst von sehr weit entfernten Teilen des Gehirns. Mit anderen Worten: Das menschliche Gehirn besteht nicht aus 52 abgegrenzten „Brodmann"-Arealen, sondern ist vielmehr eine globalisierte innere Welt, deren einzige wirkliche Grenze der knöcherne Schädel ist, in dem sie eingekapselt ist. Diese letzte Grenze wird jedoch durch die Entwicklung invasiver und nicht-invasiver Gehirn-Maschine-Schnittstellen immer durchlässiger.

Thermodynamik in der Neurologie

Das Chaos verteilter elektrischer Ströme, an denen eine Vielzahl von Neuronen beteiligt sind und die nahtlos die Grenzen lokalisierter Funktionen überschreiten, und das räumlich-zeitliche Kontinuum, das sich aus diesen strömenden neuronalen Symphonien ergibt, könnten auch mit dem Konzept der Thermodynamik beschrieben werden. Denn die Thermodynamik befasst sich mit Systemen, die von einer inhärenten Entropie beherrscht werden, die es den Analytikern ermöglicht, ein Spektrum abzuschätzen, in dem bestimmte Teilchen auftreten, ohne die genaue Position oder den genauen Zeitpunkt zu kennen. Die Thermodynamik befasst sich also mit einer Art räumlich-zeitlicher Unsicherheit. Biologische Systeme sind thermodynamisch offen in dem Sinne, dass sie Energie und Entropie mit der Umwelt austauschen. Außerdem arbeiten sie fernab vom Gleichgewicht und sind dissipativ, d. h. sie zeigen selbstorganisierendes Verhalten. (vgl. Friston et al., S. 3, 2006) Andererseits korreliert die Thermodynamik in biologischen Systemen mit der Informationstheorie. Einige bekannte Autoren behaupten sogar, dass die Gesetze der Thermodynamik nichts anderes als Prinzipien der Informationstheorie sind. (Collell, Guillem/Fauquet, Jordi) In der Tat gibt es tiefe theoretische Verbindungen zwischen Thermodynamik und Informationstheorie. (ebd.)

Bereits 1944 unterschied Erwin Schrödinger zwischen Entropie und negativer Entropie (Negentropie) und ebnete den Weg für die Informationstheorie, um den Abstand von einem normalen Zustand des Systems zu messen. Vergleicht man alle Verteilungen mit einem gegebenen Mittelwert und einer gegebenen Varianz, so hat die Gauß-Verteilung (nach dem legendären Mathematiker Carl Friedrich Gauß) den höchsten Grad der Entropie. Die negative Entropie misst den Unterschied in der Entropie zwischen einer gegebenen Verteilung und der Gaußschen Verteilung mit demselben Mittelwert und derselben Varianz. Die negative Entropie ist mit der Netzwerkentropie verwandt, wie sie in der unabhängigen Komponentenanalyse verwendet wird. (siehe Signalverarbeitung, 36, S. 287-314, 1994) Landauer postulierte das „Landauer-Prinzip" (oder „Landauer-Limit") bereits 1961 und behauptete, dass

> „... jede logistisch irreversible Manipulation von Information, wie das Löschen eines Bits oder das Zusammenführen zweier Rechenwege, von einer entsprechenden Entropiezunahme in nicht-

informationstragenden Freiheitsgraden des informations-verarbeitenden Apparats oder seiner Umgebung begleitet sein muss." (Bennett, 2003, S. 501-510)

Mit anderen Worten, wenn ein Beobachter Informationen über ein physikalisches System verliert, verliert er auch die Fähigkeit, Arbeit aus dem gegebenen System zu gewinnen. Eine bahnbrechende Schlussfolgerung aus dem Landauer-Prinzip ist, dass eine logisch umkehrbare Berechnung (ohne Löschung von Informationen) ohne jegliche Wärmeerzeugung durchgeführt werden kann.

Seltsamerweise ist eine Verbindung zwischen Informationstheorie und Thermodynamik in den Neurowissenschaften noch nicht formalisiert worden. (Del Castillo/Vera-Cruz, 2011; Collell/Fauquet, 2014). Die Versuche, die Informationstheorie und die Thermodynamik zu vereinheitlichen, sind eigentlich Versuche, die Verbindung zwischen Kognition (geistige Aktivität) und physischer Hirnaktivität (die z. B. über Gehirn-Computer-Schnittstellen gemessen werden kann) zu erklären und auszuarbeiten. Insbesondere könnte der dritte Hauptsatz der Thermodynamik auf neuronale Prozesse angewendet werden. Der dritte Hauptsatz der Thermodynamik besagt, dass die Entropie eines Systems einen konstanten Wert annimmt, wenn sich die Temperatur dem absoluten Nullpunkt nähert. Übertragen auf das Gehirn bedeutet dies, dass die Entropie (= systemisches Chaos) bei schwer komatösen oder hirntoten Personen, bei denen alle messbaren Hirnaktivitäten zum Erliegen gekommen sind, in einen stabilen Zustand konstanten Gleichgewichts übergeht.

Das relativistische Gehirn

Die Vorstellung vom Gehirn als fester Architektur mit streng lokalisierten Funktionsbereichen – bis hin zu einzelnen Neuronen mit spezifischen Aufgaben und Fähigkeiten – ist zwar noch nicht vollständig widerlegt, wackelt aber aufgrund der fehlenden Kohärenz innerhalb der eigenen Perspektive sowie der vielen plausiblen Argumente, die der distributive Ansatz liefert, in seinen Grundfesten. In seiner Hypothese vom „relativistischen Gehirn" argumentiert Nicolelis, dass das Gehirn von Natur aus relativistisch sein muss, da sowohl der Energieverbrauch als auch die Geschwindigkeit des neuronalen Feuerns an Obergrenzen gebunden sind:

„Wenn das Gehirn einer Person mit neuen Möglichkeiten konfrontiert wird, Informationen über die statistischen Daten der umgebenden Welt zu erhalten, wird es diese Daten sowie die Sensoren oder Werkzeuge, die zu ihrer Erfassung verwendet werden, ohne weiteres übernehmen. Als Ergebnis erstellt das Gehirn ein neues Modell der Welt, eine neue Simulation des Körpers der Person und eine neue Reihe von Grenzen oder Beschränkungen, die die Wahrnehmung der Realität und das Selbstverständnis der Person definieren. Dieses neue Gehirnmodell wird dann während des gesamten Lebens der Person weiter getestet und umgestaltet. Da die Gesamtenergiemenge, die das Gehirn verbraucht, und die maximale Geschwindigkeit des neuronalen Feuerns feststehen, müssten der neuronale Raum und die Zeit entsprechend diesen Beschränkungen relativiert werden" (Nicolelis, 2011, S. 243)

Nicolelis sieht in der Hypothese vom relativistischen Gehirn auch eine potenzielle Lösung für das Bindungsproblem. Diese Lösung ist tatsächlich bestechend einfach, denn sollte das Gehirn tatsächlich relativistisch organisiert sein, so würde sich das Bindungsproblem in der bekannten Form überhaupt nicht stellen:

„Indem man einfach den Bezugsrahmen von den eingehenden Reizen, die von der Außenwelt erzeugt werden, auf den Standpunkt des eigenen Gehirns verlagert, könnte das Bindungsproblem ganz verschwinden, da es im relativistischen Gehirn keine Notwendigkeit gibt, irgendetwas zu binden, weil kein eingehender Reiz in diskrete sensorische Informationsbits zerlegt wurde, um damit zu beginnen. In einem relativistischen Gehirn gibt es einfach ein einziges dynamisches Modell der Welt, das durch die ständigen Kollisionen zwischen der internen Dynamik des Gehirns und den übereinstimmenden und nicht-übereinstimmenden Informationen, die von der Peripherie des Körpers wahrgenommen werden, ständig aufgefrischt wird." (Nicolelis, 2011, S. 309)

2. Daten vs. Qualia: Das (un)überbrückbare Tal

Der Neurologe und Psychiater Hans Berger hat gezeigt, dass das Gehirn mit Elektrizität arbeitet. Der Informatiker Jacques Vidal hat nachgewiesen, dass die in dieser Elektrizität verschlüsselten motorischen Impulse genutzt werden können, um nur durch Gedankenkraft einen Cursor durch ein computergeneriertes Labyrinth zu steuern. Der Neurowissenschaftler Miguel Nicolelis hat experimentell bewiesen, dass Säugetiere allein durch Gedanken Roboter steuern können. Und erst kürzlich hat der Serienunternehmer Elon Musk der Welt gezeigt, dass Affen durch bloßes Denken Videospiele spielen können. Heutzutage nimmt die Häufigkeit von Meilensteinen zu, während die Zeit zwischen diesen Fortschritten abnimmt. Dies steht in Gegensatz zu den historischen Grundlagen, die die heutige Entwicklung überhaupt erst möglich gemacht haben. Vor fast einem Jahrhundert war die Entdeckung der messbaren Hirnaktivität ein großer Durchbruch. Obwohl die Elektrizität des Gehirns bereits 50 Jahre zuvor im Tierreich bestätigt wurde, lieferte Bergers Entdeckung einen weiteren Beweis dafür, dass nicht nur der Mensch Teil des Tierreichs ist, sondern letztlich auch, dass das Gehirn wie eine Maschine funktioniert – zumindest im Prinzip. Und Maschinen kann man studieren, reparieren und nachbauen. Mit Bergers neurowissenschaftlichem Durchbruch waren die Tore geöffnet für die kühnen Visionen und titanischen Ambitionen, die die führenden Wissenschaftler, Erfinder und Unternehmer von heute antreiben.

Mittlerweile vergeht kaum ein Monat, in dem nicht eine neue Lösung für ein altes Problem, eine neuartige Anwendung von Gehirn-Computer-Schnittstellen oder ein kleiner Durchbruch auf einem relevanten Gebiet angekündigt wird. Vom bionischen Sehen bis zur digitalen Speicherung mentaler Zustände, von neuen Verfahren, die Menschen in die Lage versetzen, durch Gedanken zu schreiben, bis dazu, Gelähmten mithilfe von Exo-Skeletten wieder das Gehen zu ermöglichen – die Liste der Errungenschaften wächst und die Entwicklung gewinnt mehr denn je an Dynamik.

> „Eine große Herausforderung bei der Anwendung von Gehirn-Maschine-Schnittstellen besteht darin, herauszufinden, wie die momentanen mentalen Zustände in ein bestimmtes Muster der Gehirnaktivität eingeordnet werden. Eines der Hauptprobleme bei der Klassifizierung von EEG-Signalen ist die Menge an Daten, die benö-

tigt wird, um die verschiedenen Zustände richtig zu beschreiben, da die Signale komplex, nicht-linear, nicht-stationär und von Natur aus zufällig sind." (Jordan et. al., 2018, S. 87 f.)

Alles scheint in Daten darstellbar zu sein:

- Kognition ist Denken ...
- Denken ist Gehirnaktivität
- Gehirnaktivität ist entweder elektrisch oder metabolisch
- beide Formen von Aktivität können gemessen werden
- daher kann Kognition gemessen werden

Aber ist diese materialistische Gleichung wirklich wahr? Präzisere Messmethoden, die direkten Zugang zu den Gehirnaktivitäten haben, könnten zu Interpretationen führen, die noch genauere Vorhersagen ermöglichen. Es ist höchst zweifelhaft, dass wir jemals in der Lage sein werden, buchstäblich in den Gedanken zu lesen und die Gedanken selbst zu entschlüsseln. Selbst Gehirn-Computer-Schnittstellen, die es Menschen ermöglichen, allein durch Gedanken zu schreiben, basieren auf der Messung motorischer Signale. Und die Möglichkeit, mentale Zustände zu speichern, bedeutet nicht, dass mentale Zustände entschlüsselt werden müssen; nur die Erinnerungen sind reproduzierbar. Wie Thomas Nagel postulierte, können wir die Qualia eines anderen empfindungsfähigen Wesens nicht in voller Authentizität erleben. Das ist trivial, weil wir nicht dieses andere empfindungsfähige Wesen sind. Alle Versuche, Zugang zur Subjektivität eines anderen empfindungsfähigen Wesens zu erhalten, beruhen auf Empathie, Interpretationen und/oder Projektionen. Es besteht aber eine hohe Wahrscheinlichkeit, durch diese Methoden – angesichts einer immer größeren Genauigkeit der Interpretationen – eine breite gesellschaftliche Akzeptanz zu schaffen. Dies könnte mit völlig neuen ethischen Herausforderungen einhergehen. Die Bedeutung der Ich-Perspektive als ultimativer Bewahrer von Qualia wird aufgewertet, da die Subjektivität des Individuums unabhängig von den Mitteln niemals objektivierbar sein wird. Aber wenn die Erste-Person-Perspektive auf keinen Fall intersubjektiv werden kann, könnte der andere sogar ein *philosophischer Zombie* sein (auch wenn wir das nicht beweisen können). David Chalmers philosophischer Zombie hat kein Bewusstsein, kennt also keine Qualia. Somit könnte sogar der Zombie selbst seine Zombie-Identität nicht bestätigen.

Festzuhalten bleibt:

Obwohl Qualia simuliert werden kann, kann sie nicht bewiesen werden. Das könnte Kaskaden von neuen Kommunikationsproblemen und Missverständnissen nach sich ziehen. Allgemein haben Menschen Probleme damit, Technologie nicht zu vermenschlichen, wenn diese sie mit menschenähnlichem Verhalten konfrontiert. Der menschliche Geist kann leicht zu falschen Überzeugungen verleitet, manipuliert oder durch simulierte Qualia beeinflusst werden. So scheint beispielsweise zum jetzigen Wissensstand geradezu ausgeschlossen, eine KI könnte spontan eine Form von Bewusstsein erlangen. Aber der Mensch könnte dies fälschlicherweise in die Technologie hineininterpretieren. Konversationen mit KI-basierten Apps wie Replika AI oder OpenAI's Chatbot GPT-3 „fühlen" sich bereits täuschend menschlich an (und das nicht nur für naive Nutzer). Dieses Problem wird sich mit der Zeit noch weiter verschärfen. Die Menschen müssen daher über den bewusst menschenähnlich gestalteten Charakter von Chatbots aufgeklärt werden. Und obwohl es unmöglich erscheint, dass ein Äquivalent zu Qualia spontan entsteht, gibt es bestimmte Zweige der KI-Entwicklung, die die Entstehung einer inneren Perspektive fördern könnten. Das Problem ist jedoch wieder einmal auf menschlicher Seite: wir haben keine klaren Definitionen und Methoden zur Bestimmung von Qualia. So könnten wir am Ende gar nicht mit letzter Sicherheit entscheiden, ob eine Entität eine Form von Qualia besitzt oder nicht.

Das Aufkommen von Gehirn-Computer-Schnittstellen bringt viele nützliche Anwendungen an den Horizont des Vorstellbaren. Auf der anderen Seite ergeben sich unzählige mögliche Auswirkungen, ethische Herausforderungen und anthropologische Fragen. Während ihre primäre Funktion darin besteht, ein Gehirn mit einem Computer zu verbinden, scheinen auch andere Kombinationen möglich. Netzwerke zwischen einzelnen Gehirnen oder sogar ein „Internet der Gehirne". Völlig neue ethische Herausforderungen könnten durch die Schaffung von Gehirn-Maschine-Brücken entstehen, da ihre Anwendungen die persönliche Integrität, Identität und Verantwortlichkeit beeinträchtigen könnten. Wir könnten in der Illusion gefangen sein, die Qualia eines anderen erleben zu können, während wir in Wirklichkeit in den solipsistischen Hüllen unseres Schädels verbleiben.

Beobachtbare Daten vs. Interpretationen

Bei der Entwicklung der Quantenmechanik beschloss der junge Werner Heisenberg, sich nur auf Dinge oder Aspekte zu konzentrieren, die beobachtet werden können. Ironischerweise musste Heisenberg etwas geradezu Ungeheuerliches feststellen: einige seiner Erkenntnisse schienen nur unter der abenteuerlich klingenden Prämisse erklärbar, dass der Beobachter das Ergebnis beeinflusst. Diese merkwürdigen Quantenbeobachtungen mussten jedoch noch kohärent interpretiert werden. Heisenbergs Interpretation ebnete den Weg zur so genannten „Kopenhagener Interpretation", die er gemeinsam mit seinem Mentor Niels Bohr entwickelte. Die „Kopenhagener Interpretation" entwickelte sich zur am meisten akzeptierten Deutung der Quantenmechanik. Dennoch war sie immer noch eine bloße Interpretation der zugrundeliegenden beobachtbaren Größen, und sie war weder zu ihrer Entstehungszeit noch heute völlig unumstritten. Erwin Schrödinger zum Beispiel war sich sicher, dass Heisenberg falsch lag, und lieferte sich mit ihm einen jahrzehntelangen intellektuellen Krieg – nur um schließlich seine Niederlage anerkennen zu müssen.

Eine weitere Unschärfe wird hier evident: Beobachtungsdaten bedürfen immer noch der Interpretation, und diese kann richtig, aber auch falsch oder umstritten sein. Und selbst die Tatsache, dass eine Beobachtung stattfindet, kann das Ergebnis des gesamten Unterfangens verändern. Die Implikationen für Gehirn-Computer-Schnittstellen sind in dieser Hinsicht nicht so eindeutig. Wir können zwar die elektrische Aktivität und die Stoffwechselprozesse beobachten, aber die Interpretation dieser Beobachtungen bleibt reine Schätzung. Wenn man probabilistischen Regeln folgt, könnten die Ergebnisse fast immer richtig sein, ohne auf Kausalität zu beruhen, da die Vorhersage nur richtig oder falsch sein kann, und der Beobachter bzw. das beobachtende System gelernt haben, die Chancen immer exakter zu berechnen. Da es nur sehr wenige Fälle gibt, in denen das System die Daten falsch interpretiert, wäre das eher ein größeres als ein kleineres Problem. Dies ist vergleichbar mit einer Welt voller autonom gesteuerter Automobile, in der die Zahl der menschlichen Unfälle gegen Null geht. Im Falle eines tödlichen Unfalls würden sich die Hinterbliebenen umso mehr darum bemühen, die Gründe für die Tragödie herauszufinden.

Immer präzisere Messmethoden, die sämtliche Gehirnaktivitäten insbesondere durch den Einsatz von Brain-Computer Interfaces in Echtzeit überwachen können, werden die Interpretationen dieser neuronalen Aktivierungsmuster auf ein unerreichtes Niveau der Vorhersagequalität anheben. Dennoch ist es höchst zweifelhaft, dass wir jemals in der Lage sein werden, den Gedanken selbst zu entschlüsseln. Der Philosoph Thomas Metzinger sagt dazu folgendes:

> „Mentale Zustände sind all jene Zustände, die prinzipiell für die Introspektion verfügbar werden können. Alle Zustände, die verfügbar sind, und insbesondere diejenigen, die tatsächlich introspektiert werden, sind phänomenale Zustände. Das heißt, sie können Gegenstand eines willentlich initiierten und zielgerichteten Prozesses der inneren Aufmerksamkeit werden. Psychische Zustände besitzen eine bestimmte funktionale Eigenschaft: Sie sind aufmerksamkeitsmäßig zugänglich." (Metzinger, 2003, S. 30)

Trotz erheblicher Fortschritte, vor allem in den letzten 150 Jahren, hat das Gehirn immer noch einen großen Teil seiner Geheimnisse bewahrt, und trotz aller wissenschaftlichen Erkenntnisse, die durch die Histologie und durch die Messung der laufenden physikalischen Prozesse – von den elektrischen über die hormonellen bis hin zu den Stoffwechselvorgängen – gewonnen wurden, gibt es nur wenig konzeptionelles Verständnis, und die fundamentalen Rätsel, die von unserem Gehirn ausgehen, bleiben bestehen. Gehirn-Computer-Schnittstellen könnten aber das fehlende Glied sein, um all diese Herausforderungen nacheinander zu lösen. Und dieses enorme Potenzial der Schnittstellentechnologien ergibt sich in erster Linie nicht aus ihren spezifischen technologischen Fortschritten, sondern aus der einfachen Tatsache, dass sie der Menschheit helfen, aus dem Kreislauf auszubrechen, der durch den zyklischen Versuch definiert ist, die Geheimnisse eines Organs – des Gehirns – durch die Nutzung desselben Organs zu lösen.

Dritte-Person-Perspektive vs. Erste-Person-Perspektive

Wie wir in der Einleitung gesehen haben, gibt es mehrere Modelle der persönlichen Identität, von denen sich einige teilweise gegenseitig ausschließen. Eine der wichtigsten ethischen Richtlinien ist jedoch der Schutz der persönlichen Identität vor Veränderung durch BCIs. Insbesondere affektive BCIs bergen das Potenzial, die persönliche Identität des Patienten oder des Nutzers zu beeinträchtigen. Daher scheint es lohnenswert, die Entwicklung und Implementierung von affektiven BCI-Systemen mit einer Bewertung potenziell sensibler Themen zu begleiten. Unser fragiles emotionales Gefüge ist anfällig für Manipulationen aller Art und damit auch für äußere Einflüsse. Diese Vulnerabilität nimmt mit invasiven Neurotechnologien zu.

Am Horizont der invasiven, affektiven Gehirn-Computer-Schnittstellen tauchen Kaskaden von ethisch relevanten Fragen auf. Was geschieht beispielsweise, wenn durch affektive BCIs ausgelöste Emotionen in Konflikt mit dem wertenden Urteil der betreffenden Person geraten? Zudem kann es sehr beunruhigend sein, nicht unterscheiden zu können, ob ein affektiver Zustand von einem selbst stammt oder durch das affektiv aktive BCI-System ausgelöst wurde. Die tatsächliche wie auch die potenzielle Macht affektiver BCIs zur Manipulation von Emotionen erfordert eine fortgesetzte ethische Prüfung. Emotionen sind elementar für das Selbst(modell) und die persönliche Identität. So werden beispielsweise autobiografische Erinnerungen häufig durch Emotionen konstituiert (und dabei zugleich verzerrt). Autobiografische Erinnerungen wiederum sind entscheidend für die Konstitution des Selbst und des Selbstgefühls (siehe Prebble et al. 2013; Schechtman 1996, 2005). Die Manipulation von Emotionen scheint einen direkten Einfluss auf die psychologische und mentale Verfassung des Selbst zu haben. In Anbetracht der Tatsache, dass affektive BCIs eine solche Manipulation potenziell unterstützen können und Emotionen ein entscheidender Aspekt des Menschseins sind, sollten die möglichen Folgen einer Manipulation in Bezug auf das Selbst(modell), auf die Identität und Persönlichkeit nicht auf die leichte Schulter genommen werden.

Die Manipulation affektiver Zustände stellt einen profunden Eingriff in die mentale Verfassung einer Person dar, mit potenziell langfristigen Folgen, die irreversible Veränderungen nach sich ziehen können. Dies gilt insbesondere für invasive, permanent installierte BCIs wie „Neuralink“. Der Einsatz affektiver BCIs ist vor allem dann problematisch, wenn die Menschen nicht genau wissen, was vor sich geht und was genau die Technologie mit ihnen macht. Dies ist in der Regel bei Konsumgütern der Fall, bei denen es keine strengen Verfahren für eine informierte Zustimmung gibt. Um jede Art von Missbrauch zu verhindern, sollte die Funktionsweise der affektiven BCI für den Nutzer so transparent wie möglich sein. Die Erstellung emotionaler Profile könnte dazu beitragen, Menschen auf subtile Weise emotional zu beeinflussen, um wirtschaftliche oder politische Vorteile zu erzielen. Aufgrund der sensiblen Natur von Daten über mentale Zustände müssen wir Fragen der mentalen Privatsphäre, der kognitiven Freiheit und der mentalen Integrität mit mehr Nachdruck ansprechen.

Die führende deutsche Expertin für die Ethik von Hirn-Computer-Schnittstellen, Prof. Orsolya Friedrich, führt aus, dass „sobald Eingriffe die Körpergrenze einer Person überschreiten, die Zustimmung dieser Persönlichkeit juristisch gefordert werden muss" (vgl. Friedrich, 2013, S. 182). Mit einer sogenannten Patientenverfügung können Eingriffe in die Psyche des Patienten legalisiert werden, auch wenn die Angemessenheit dieser Eingriffe aus der Ich-Perspektive des Patienten später vernachlässigt wird. Eine solche Patientenverfügung würde als „Odysseus-Vertrag" gelten. Ein „Odysseus-Vertrag" bindet psychiatrisch erkrankte Patienten an Verträge, die sie im Zustand der geistigen Gesundheit abgeschlossen haben, auch wenn sie später ihren entgegenstehenden Willen erklären (vgl. ebd. S. 183). Ein „Odysseus-Vertrag" würde also einen lokalen Verzicht darstellen. Und darüber hinaus kann man auch an einen allgemeinen, globalen Verzicht denken. „Global" bedeutet in diesem Fall entweder, dass der gesamte Begriff der Persönlichkeit betroffen ist oder dass eine Revision unmöglich gemacht wird. So wäre es denkbar, sich einer Therapie auf der Grundlage der Tiefenhirnstimulation zu unterwerfen, die schwerwiegende, aber nicht genau vorhersehbare Veränderungen der Persönlichkeit bewirkt, was eine Art globalen Verzicht darstellen würde. Wir müssen uns eingestehen: mit einer solchen potenziellen Gefahr für das gesamte Konzept der persönlichen Identität steht auch die persönliche Integrität auf dem Spiel.

Eine grundlegende Veränderung, die durch einen globalen Verzicht ermöglicht wird, kann eine Vielzahl von Folgen haben, wie z. B. die Depersonalisation. Bei der Depersonalisation wird das körperliche Selbst als unwirklich erlebt, während bei der Derealisation die Außenwelt als unwirklich wahrgenommen wird. Personen, die an einer Depersonalisationsstörung leiden, berichten beispielsweise, dass sie sich wie Automaten fühlen (daher der

Verlust des Gefühls der Handlungsfähigkeit) oder als würden sie in einem Traum leben (siehe Simeon und Abugel, 2009). Es ist zu beachten, dass die Depersonalisations– und Derealisationsstörungen mit Gefühlen der Unwirklichkeit, nicht aber mit Wahnvorstellungen von Unwirklichkeit einhergehen, da eine Dissoziation zwischen der Phänomenologie der „Realität" auf niedriger Ebene und der Kognition auf hoher Ebene besteht. (siehe Madary/Metzinger) So kann jemand, der an Depersonalisation leidet, zwar das Gefühl der Handlungsfähigkeit verlieren, aber er wird dadurch nicht die falsche Überzeugung entwickeln, dass er nicht mehr die Kontrolle über seine eigenen Handlungen hat. (siehe Madary/Metzinger) Da wir jedoch erst am Anfang unseres Verständnisses stehen, wie unsere anfälligen Gehirne funktionieren und wie bestimmte Störungen entstehen, scheint es ethisch heikel zu sein, technische Geräte zu entwickeln, die das Potenzial haben, die vielen noch unverstandenen psychologischen und neuronalen Prozesse zu formen und zu stören. Auch wenn affektive BCIs die Chance in sich bergen, tiefere Einblicke in die fraglichen Prozesse zu gewinnen und versprechen, unser immer noch getrübtes und nebulöses Verständnis vieler zerebraler Prozesse zu erhellen.

Persönliches Handeln, Qualia und das schwierige Problem des Bewusstseins

Ein möglicher Bereich für nicht verhandelbare Werte, der jedem einzelnen Individuum zugestanden werden muss, könnte der Schutz der geistigen Integrität und personalen Handlungsfähigkeit sein. Obwohl die psychische Integrität durch die Charta der Grundrechte der EU (Artikel 3) geschützt ist, wird dieses Recht als Garantie für zugängliche psychosoziale Dienste konzipiert. Es gibt jedoch bisher keinen spezifischen Schutz gegen unbefugte Eingriffe in den neuronalen Aufbau einer Person durch den Einsatz von Neurotechnologie, auch nicht im Falle unerwünschter Folgen für die körperliche oder geistige Gesundheit des Patienten. Ein anderer möglicher Bereich für solche unveräußerlichen Werte und Rechte wäre das Recht auf psychische Kontinuität, das die Kontinuität der persönlichen Identität vor ungewollten exogenen Veränderungen schützen soll. Die psychische Integrität setzt nicht voraus, dass die Hauptaspekte der psychischen Zustände einer Person durch den Eingriff in die Technologie unverändert bleiben. Und in gewisser Weise ist dies auch sinnvoll, da jede Form der Therapie darauf abzielt, die Bedingungen zu verändern, die die Probleme verursachen. Psychologische Kontinuität zielt darauf ab, den Kern der Persönlichkeit zu schützen. Aber gibt es wirklich so etwas wie einen monolithischen Kern der Persönlichkeit? Für den deutschen Logiker Rudolf Carnap zum Beispiel ist das Selbst lediglich „die Klasse (nicht die Sammlung) der Erfahrungen (oder autopsychologischen Zustände)". (vgl. Carnap, 1928) So gehört für ihn „das Selbst nicht zum Ausdruck der Grunderfahrung, sondern ist auf einer sehr hohen Ebene konstruiert." (ebd.) Carnaps Argumentation erscheint als eine der frühesten Dekonstruktionen der Persönlichkeit als einer unveränderlichen und stabilen, auf einem Kern basierenden Entität. Im Gegensatz dazu beruht Carnaps Konzept des Selbst auf Konstruktion und sogar Abstraktion, und diese Fabrikation findet auf einer sehr hohen und ziemlich abstrakten (mentalen) Ebene statt.

Insbesondere die Unveränderlichkeit der Persönlichkeit ist nach dem Stand der Wissenschaft höchst umstritten. Vor diesem Hintergrund wird die Persönlichkeit eher als ein dynamisches, fließendes Konstrukt betrachtet, und dieses Selbstmodell ist in hohem Maße anpassungsfähig und dabei gleichzeitig direkt abhängig von den endokrinen Zuständen der eigenen Hirnchemie. Zeitgenössische Philosophen wie der bereits erwähnte Thomas Metzinger unterstützen die frühen Intuitionen Carnaps. Für Metzinger ist das Selbst eine hochgradig fabrizierte und fast mythische Illusion, und das Bewusstsein ist das Ergebnis einer konstruktivistischen Integration von Eindrücken aus der Realität:

> „Ja, es gibt eine Außenwelt, und ja, es gibt eine objektive Realität, aber wenn wir uns durch diese Welt bewegen, wenden wir ständig unbewusste Filtermechanismen an und konstruieren so unbewusst unsere eigene individuelle Welt, die unser Realitätstunnel ist." (Metzinger, 2009, S. 7)

Die Illusion des Selbst wird nach Meztzinger durch die Phänomene geschaffen, die das bewusste Wesen verarbeiten muss, um mit der beobachtbaren Realität, in die es eingebettet ist, zu interagieren. Voraussetzung für die Dekonstruktion der komplexen Illusion des Selbst ist die Überwindung dessen, was Metzinger als naiven Realismus bezeichnet:

> „[...] die Selbstmodell-Theorie der Subjektivität sagt voraus, dass wir den naiven Realismus verlieren, sobald eine bewusste Repräsentation undurchsichtig wird (das heißt, sobald wir sie als Repräsentati-

> on erleben). Ein Bewusstsein ohne naiven Realismus gibt es durchaus. Dies geschieht immer dann, wenn wir uns mit Hilfe anderer Repräsentationen zweiter Ordnung des Konstruktionsprozesses bewusst werden – all der Ambiguitäten und dynamischen Stadien, die dem stabilen Zustand vorausgehen, der am Ende entsteht." (Metzinger, 2009, S. 32)

Aber da die psychologische Kontinuität danach strebt, den Kern (der) Persönlichkeit zu schützen, operiert sie dann mit falschen Annahmen?

Ein großer Teil der modernen Biowissenschaften, wenn nicht sogar der gesamte zeitgenössische wissenschaftliche Kanon, legt genau dies nahe. In der Tat werden in unserer alltäglichen Erfahrung ständig mentale Zustände verändert, und zwar oft gegen den Willen und die Absicht der Ich-Perspektive der Persönlichkeit. Diese Veränderungen können durch therapeutische Mittel, Manipulationen oder sogar durch Zufall erfolgen. Im Allgemeinen sind zwei Haupttypen von mentalen Zuständen klar definiert und weithin anerkannt: *Emotionen* und *Intentionen*. Emotionen können Körpergefühle oder Wahrnehmungsreaktionen darstellen und haben somit qualitativen Charakter. Empfindungen sind auch konstitutiv für das Entstehen von Qualia. Und Qualia ist etwas, was wir nur dem menschlichen Geist zuschreiben; tatsächlich verwenden wir den Begriff, um die kognitive Ausstattung des Menschen von allen anderen intelligenten Lebensformen und sogar von künstlicher Intelligenz zu unterscheiden. Qualia, so viel steht fest, kann nur von erlebenden, empfindungsfähigen Menschen erlangt werden. Im Gegensatz dazu haben Intentionen einen Inhalt und sind auf einen angestrebten Zustand gerichtet. Während Empfindungen eher passiv erscheinen, da sie meist Reaktionen auf äußere Reize sind, wirken Absichten eher wie ein Willensakt, da sie in der Regel zielgerichtet sind. Solange es jedoch keine beobachtbaren physiologischen Reaktionen gibt, die auf Empfindungen hinweisen, oder keine physischen Aktionen/Reaktionen/Kommunikationsakte, die auf Absichten hindeuten, ist es unmöglich zu sagen, welcher Geisteszustand im Kopf einer anderen Person vorherrschend ist. Ohne Kommunikation sind die Gehirne anderer Menschen im Wesentlichen wie *Black Boxes*, unabhängig vom Grad der Empathie, der zur Interpretation der Geistesvorgänge der anderen Person verwendet wird. Und selbst mit Kommunikation ist es oft sehr schwierig und kompliziert, die Ich-Perspektive des Gesprächspartners wirklich zu verstehen. Mit anderen Worten, mentale Zustände bleiben geheim, wenn das Subjekt keine Hinweise gibt, die eine vernünftige Interpretation zulassen. Und selbst wenn diese Hinweise gegeben werden, können sie immer noch schwerwiegend fehlinterpretiert werden.

David Chalmers' Sicht auf das Bewusstseins dreht sich um die Frage, wie Bewusstsein aus Materie entstehen kann. Es beruht auf der Annahme, dass das Bewusstsein auf subjektiv erlebten Qualitäten beruht, die in der Ich-Perspektive entstehen. Das harte Problem des Bewusstseins wird von zeitgenössischen Philosophen und Neurowissenschaftlern kontrovers diskutiert; während zum Beispiel Joseph Levine, Colin McGinn und der kognitive Neurowissenschaftler Francisco Varela die Gültigkeit des Problems bestätigen, bestreiten andere Philosophen wie Daniel Dennett und Thomas Metzinger sowie Neurowissenschaftler wie Anil Seth und Antonio Damasio seine Validität. Für den deutschen Philosophen Reginald Grünenberg ist das Bewusstsein

> „... das, was die Brücke schlägt zwischen der materiellen Welt, in der unsere nackte Existenz notwendigerweise wohnt, und den beiden transzendentalen Welten der theoretischen und praktischen Vernunft, denen wir, wie alle anderen rationalen Wesen, potenziell angehören können – es aber oft nicht tun." (Grünenberg, S. 3, 2018)

In diesem Licht erscheint das Bewusstsein nicht als etwas Gegebenes, sondern als etwas, das durch die Nutzung von Potenzialen entstehen kann. Grünenbergs Blick auf das Bewusstsein ist einer der totalen Kontingenz – Bewusstsein, zumindest im transzendentalen Sinne der theoretischen und praktischen Vernunft, kann unter bestimmten Umständen auftreten, oder auch nicht. Es ist also völlig kontingent – nicht unmöglich, aber auch nicht an die Zuverlässigkeit der klassischen physikalischen Gesetze gebunden. Für Chalmers ist die Kausalität, die durch die physikalische Grundlage der Wahrnehmung suggeriert wird, jedoch von Natur aus fragwürdig:

> „Sinnesdaten sind viel umstrittener als Qualia, weil sie mit einer umstrittenen Theorie der Wahrnehmung verbunden sind – dass man die Welt wahrnimmt, indem man seine Sinnesdaten wahrnimmt, oder so ähnlich." (Chalmers, 1998, S. 4)

Für BCIs wäre das eine eher pessimistische Aussage, da diese Geräte ausschließlich auf physikalischen Messungen und der Erfassung der – nach Chalmers' Ansicht – umstrittenen Sinnesdaten beruhen.

Zweifellos erschwert der unklare und diffuse Zusammenhang zwischen Sinnesdaten, Bewusstsein und Qualia das Problem der Ich-Perspektive zusätzlich. Daher besteht eine hohe Wahrscheinlichkeit, bestimmte Aspekte einer Person, die aus der Ich-Perspektive als ihre Qualitäten beschrieben werden könnten, könnten für Außenstehende unerfahrbar (und auch unzugänglich) bleiben (Friedrich, 2013, S. 102). Darüber hinaus gibt es gute Gründe für die Annahme, dass einige dieser geheimen, unerfahrenen und nicht zugänglichen Bereiche, die zweifelsohne Teil des phänomenalen Selbstmodells sind (und auf subtile Weise dazu beitragen), selbst für das Subjekt, die Erste-Person-Perspektive, mysteriös, unerfahren und ein Geheimnis bleiben. Ein ganzer Zweig der modernen Psychologie gründet auf dieser Vorstellung vom Unterbewusstsein, das genau das ist: unzugänglich, mysteriös, geheimnisvoll. Und doch prägt es unsere alltägliche Persönlichkeit in einer Weise, die dem Subjekt möglicherweise nie bewusst wird.

Was bedeutet das nun für den Schutz der persönlichen Identität und der Handlungsfähigkeit? Erfahrungen, Prägungen und genetische Faktoren, die im Inneren des Menschen schlummern, können unsere Entscheidungen und unsere Taten bestimmen, seien sie nun gut oder böse. Folglich könnten wir weder das eine loben noch das andere bestrafen, da das Individuum als bloßes Werkzeug erscheint, das die vorherbestimmten Taten ausführt. Und in beiden Fällen könnte die Erste-Person-Perspektive ihre eigenen unterschwelligen Einflüsse nicht benennen, weshalb die Frage, ob man diese geheimen persönlichen Aspekte schützen soll oder nicht, eine sehr reale und angemessene Frage ist.

Der epistemische und strukturelle Mangel an Zugang zum inneren Resonanzraum der Erste-Person-Perspektive könnte im Kontext von Gehirn-Computer-Schnittstellen durchaus problematisch sein. Für eine fundierte Konzeption der Persönlichkeit müssen wir von der „Existenz eines Teils des Bewusstseins ausgehen, der ontologisch existiert, aber epistemisch für die Dritte-Person-Perspektive unzugänglich bleibt" (Friedrich, 2013, S. 107). Mit anderen Worten: Nur weil bestimmte Veränderungsprozesse nicht durch korrelierende körperliche Veränderungen oder objektiv verändertes

Verhalten angezeigt werden, ist dies kein Nachweis für ihre Non-Existenz. Im Gegenteil können Qualitäten, die sich nicht in äußerlich beobachtbaren Veränderungen verwirklichen, aufgrund ihrer Verbundenheit mit dem Organismus selbst starke Auswirkungen und Bedeutung haben. (ebd., S. 108) Bildgebende Verfahren können diese sublimen Schichten der Erste-Person-Perspektive der Persönlichkeit nicht erkennen und werden dies möglicherweise auch in Zukunft nicht vermögen. Die entscheidende Frage ist jedoch, ob diese erkenntnistheoretisch unzugänglichen Qualitäten jemals durch eine wie auch immer geartete technologische Lösung messbar werden könnten, oder ob das Problem unlösbar bleibt.

Die Bedeutung eben dieser Frage kann kaum überschätzt werden, denn sie ist nicht nur der Eckpfeiler der Debatte über die Entscheidungsfähigkeit, sondern auch wegweisend für jegliche Bewusstseinsforschung. Im Prinzip wird diese Frage darüber entscheiden, ob fortschrittlichere Technologien die beobachtete Hirnaktivität nur auf fortschrittlichere Weise messen werden oder ob es einen großen Durchbruch geben wird, der unser Verständnis der gewonnenen Daten für semantische und ontologische Erkenntnisse öffnen könnte. Vielleicht werden Gehirn-Computer-Schnittstellen experimentelle Settings ermöglichen, in denen solche „semantischen Messungen" mit der Erste-Person-Perspektive überprüft werden können. Eine solche Versuchsanordnung würde einen Patienten voraussetzen, der unabhängig von (und idealerweise vor) der BCI-vermittelten Interpretation wahrheitsgemäß über seine Gedanken berichtet. Auf diese Weise könnte bestätigt oder widerlegt werden, ob das System wirklich in der Lage war, die Gedanken des Patienten korrekt zu „lesen".

Möglicherweise wird eine Kategorisierung erforderlich sein, die die Komplexität der fraglichen Gedanken einstuft. Auf der untersten Ebene sollten die motorischen Signale erfasst werden. Ob diese motorischen Aktionen von der Schnittstelle richtig interpretiert wurden oder nicht, wäre relativ leicht (und fast in Echtzeit) zu beurteilen, und einfache fMRI-Helme sind bereits in der Lage, die Interpretation solcher motorischen Impulse durchzuführen. Empfindungen wären eine höhere Ebene, die durch den korrelierenden Hirnstoffwechsel beobachtet werden könnte, aber die Erste-Person-Perspektive könnte sehr wohl in starkem Kontrast zu den Interpretationen des BCI-Systems stehen. Stoffwechselaktivität, egal wie genau sie gemessen wird, liefert keine erkenntnistheoretischen Erkenntnisse über qualitative Erfahrungen. Mit anderen Worten: Qualia ist nicht quantifizierbar – und wird es vielleicht auch nie sein. Gleiches gilt für Intentionen, den zweiten großen Bereich der mentalen Zustände. Obwohl einige Absichten, wie z. B. motorische Impulse, einigermaßen klar sind und daher objektiviert werden können, lassen sich andere intentionale Gedanken von höherer Komplexität nicht bestätigen, ohne auf die Perspektive der ersten Person zurückzugreifen.

Eine andere Ebene der Komplexität könnten einfache, greifbare Gedanken darstellen. Zum Beispiel, wenn das Subjekt an die Farbe „blau" denkt. Solche eindeutigen Gedanken sollten von einem fortgeschrittenen BCI objektiviert werden können. Die Interpretation, ob die Person die Farbe „blau" mag oder nicht, mäandert dagegen in die Sphäre der Qualia, und die Messung von Hirnaktivität und Stoffwechsel würde keine präzisen Ergebnisse liefern, sondern eher geschätzte Vermutungen ermöglichen.

Persönliche Verantwortlichkeit

Affektive BCIs könnten eingesetzt werden, um menschliche Emotionen durch eine Anpassung der Umgebung dieser Person zu beeinflussen. In dem Maße, in dem Geräte immer mehr miteinander vernetzt werden und das so genannte *Internet der Dinge* in Smart Homes möglich wird, könnten affektive BCIs im Prinzip mit allen Arten von Geräten und intelligenten Umgebungen verbunden werden. So könnte ein affektives BCI beispielsweise die Umgebung über ein Beleuchtungssystem verändern (Andujar et al. 2015), entweder um den affektiven Zustand der Nutzer anzupassen oder um ihre Emotionen zu beeinflussen. Die Beleuchtung des Hauses könnte sich automatisch anpassen, um seinen Besitzern beispielsweise zu helfen, sich zu beruhigen. In einem solchen Szenario stellt sich die Frage, inwieweit eine Person tatsächlich für die Regulierung ihrer eigenen Emotionen verantwortlich ist und inwieweit diese von der intelligenten, vernetzten Umgebung gesteuert und reguliert wird.

In der Tat gibt es viele Hinweise darauf, dass ein Überdenken der Verantwortlichkeit von Emotionen längst überfällig ist. Emotionen entstehen ohne große Reflexion oder Selbstbeobachtung und innerhalb eines sehr kurzen Zeitraums nach dem Empfang des Reizes. Das bedeutet, emotionale

Reaktionen fallen mehr oder weniger in die gleiche Kategorie wie Reflexe. Niemand wird jedoch für einen Reflex zur Rechenschaft gezogen. Affektive Zustände und die damit verbundenen Emotionen sind in hohem Maße von physiologischen Faktoren wie der Gehirnchemie abhängig, die sich den ganzen Tag über schnell und häufig ändert. Die Hirnchemie wiederum wird durch den hormonellen Zustand des endokrinen Systems bestimmt. Es ist sehr wahrscheinlich, durch den Einsatz von BCIs die weit verbreitete Vorstellung zu verifizieren, dass emotionale und affektive Zustände unabhängig von unseren wechselnden, tatsächlichen hormonellen und chemischen Gegebenheiten geformt werden und nicht durch unsere Wahl entstehen. Die Denkweise und die davon abhängigen affektiven Zustände können also leicht verändert und manipuliert werden, und das Aufkommen von BCIs könnte diese Manipulationen zur Regel werden lassen, unabhängig davon, ob sie vorteilhaft oder nachteilig sein werden.

Nehmen wir also an, dass das Subjekt nicht für seine mentalen Zustände, Emotionen und Affekte verantwortlich ist. Das Individuum kann kaum für etwas zur Rechenschaft gezogen werden, für das es keine Verantwortung trägt. Dennoch bleibt die Rechenschaftspflicht einer der wichtigsten Aspekte jeder funktionierenden Gesellschaft, ganz zu schweigen von der Rechtsprechung. Handlungen, für die ein Subjekt zur Rechenschaft gezogen werden kann, müssen nach bestem Wissen und Gewissen vorgenommen werden, selbst wenn wir den Aspekt des freien Willens völlig außer Acht lassen. Diese Zustimmung zu einer Handlung ist jedoch im Zusammenhang mit BCI höchst fragwürdig und ziemlich unscharf. Die Möglichkeit des Hirn-Hackings ist nur eines von vielen denkbaren Szenarien, in denen die persönliche Verantwortlichkeit durch äußere Einflüsse untergraben oder schlicht unmöglich gemacht würde. Wie können wir also noch an dem Konzept der persönlichen Verantwortung festhalten? Oder brauchen wir eine andere Interpretation von Verantwortlichkeit – eine, die die Möglichkeit einschließt, Handlungen durch äußere Einflüsse manipulieren, formen oder sogar initiieren zu können?

Eine Lösung könnte darin bestehen, zwischen dem Entscheidungsprozess des Subjekts und dem Einfluss der affektiven BCI-Technologie zu unterscheiden. Es könnte sich aber als recht schwierig erweisen, hier eine klare Trennung vorzunehmen, was vor allem daran liegt, dass diese Klärung nur durch Brain-Computer-Interfaces erreicht werden könnte – genau jene

Technologie also, auf die die Unsicherheit überhaupt erst zurückgeht. Der 25-jährige Robert Williams, ein Arbeiter in einer Ford-Fabrik, erlangte post mortem Berühmtheit als erster Mensch, der offiziell von einem Roboter getötet wurde; er wurde von einem Roboterarm zu Tode gequetscht. Während die Todesursache eindeutig in der Fehlfunktion des Industrieroboters begründet liegt, konnte die Verantwortlichkeit ebenso eindeutig nicht dem (fehlerhaft arbeitenden) Roboterarm zugeschrieben werden. Da weder Intelligenz noch Intention hinter dem Tod von Williams steckten, konnte die Robotereinheit natürlich in keiner Weise zur Verantwortung gezogen werden.

Stellen wir uns nun einen gelähmten Patienten vor, der ein BCI-gesteuertes Exoskelett benutzt, um sich fortzubewegen. Wenn eine andere Person durch eine Bewegung des Exoskeletts geschädigt oder getötet würde, wäre es viel schwieriger, die Frage der Verantwortlichkeit zu entscheiden. Wir erinnern uns: Handlungen setzen eine Absicht voraus. Nehmen wir an, der gelähmte Patient steht unter Schock und schwört, dieses Ergebnis nicht gewollt zu haben und das Exoskelett nicht angewiesen hat, die tödliche Bewegung auszuführen. Dann gibt es keine Absicht, die dem Patienten zugeschrieben werden kann, und eine plausible Erklärung könnte ein Lesefehler der Gehirn-Computer-Schnittstelle sein. Diese Annahme sollte nach Analyse der Daten der motorischen Impulse, die im Gehirn nachweisbar sind, verifizierbar oder falsifizierbar sein. Aber selbst wenn alles nach einem Lesefehler aussieht, also nach einer Diskrepanz zwischen den motorischen Impulsen im Gehirn und den von der BCI-Exoskelett-Einheit ausgeführten Bewegungsmustern, sind böswillige Absichten noch nicht völlig ausgeschlossen. Der Vorfall könnte nämlich dennoch vorsätzlich sein, zum Beispiel wenn die Schnittstelle oder sogar das Gehirn des Patienten von einem Dritten gehackt wurde. Dann würden die Daten den Unterschied zwischen dem motorischen Impuls und der ausgeführten Bewegung zeigen, aber es könnte sich um einen manipulierten Kommunikationsfehler zwischen dem Gehirn und der Schnittstelle handeln, der durch den Hacker verursacht wurde. Oder der Todesfall könnte das Ergebnis einer absichtlich falschen Vermittlung zwischen BCI und Exoskelett sein. In beiden Fällen würde die Person keine Verantwortung treffen, *obwohl* der Impuls des Gehirns der Person für den tödlichen Ausgang ursächlich war.

Dieses Beispiel zeigt, wie ambivalent und schwierig die Interaktion zwischen menschlichen Gehirnen, BCIs und der Außenwelt sein kann. Es sind viele Szenarien denkbar, die dieses Gedankenexperiment in Bezug auf Komplexität, Fatalität und Ungewissheit bei weitem übertreffen würden. Wie die Biowissenschaften nahelegen, sind Menschen bloße Algorithmen, die in der Illusion gefangen sind, frei wählen zu können. In den wenigsten Fällen sind die deterministischen Faktoren so greifbar wie die Eisenstange, die Phineas Gage durch den Schädel gejagt wurde, was es viel schwieriger macht, ihren Einfluss zu erkennen. Die Technologie der Gehirn-Computer-Schnittstellen hat das Potenzial, dies zu ändern, indem sie Gehirnprozesse sichtbar, analysierbar und quantifizierbar macht. Gehirn-Computer-Schnittstellen sind jedoch keine reinen Beobachterwerkzeuge, die die determinierten Bedingungen aufdecken, in denen das menschliche Gehirn gefangen ist; stattdessen fügen sie ihm Schichten von deterministischen Faktoren hinzu. In gewisser Weise erscheinen BCIs als eine Verwirklichung des Heisenberg'schen Beobachtereffekts. Allein durch Beobachtung können diese Schnittstellen das Beobachtete verändern und umgestalten. Es ist keine explizite Manipulation erforderlich, um effektiv zu manipulieren. Nur weil ein Patient beispielsweise von latenten aggressiven Potenzialen in seinem Inneren erfährt, könnte dies ein Auslöser sein, diese Potenziale zu aktivieren. Genau aus diesem Grund müssen wir angesichts des Aufkommens der BCI-vermittelten Interaktion zwischen Protein und Silizium unsere traditionellen Konzepte von persönlicher Handlungsfähigkeit, Verantwortlichkeit und Willensfreiheit in Frage stellen.

3. Warum Bewusstsein sich der physikalischen Vermessung entzieht: Das Modell der „neuron-mindspace barrier“

Der Physikalismus in all seinen Ausformungen und Derivaten, aber auch die gesamte Phalanx seiner Konkurrenten haben es alle nicht geschafft, eine so dringend benötigte vereinheitlichende Theorie des Bewusstseins zu liefern, die sowohl in sich kohärent ist als auch mit allen Grundannahmen der physikalischen Realität, soweit wir sie kennen, kompatibel ist. Eine Grand Unified Theory (GUT) scheint unerreichbar zu sein, und es ist sogar unklar, ob nicht das wesentlichste Problem des Bewusstseins – wie es überhaupt aus bloßer Materie entstehen kann – eine a priori unbeantwortbare Frage darstellen könnte. Bewusstsein und seine einzigartige Facette der Qualia, dies zumindest lässt sich mit entscheidender Sicherheit sagen, sind vielschichtige und hochkomplexe Phänomene, die sich einer eindeutigen und einvernehmlichen Erklärung bislang elegant entziehen.

Anstatt eine weitere nicht überprüfbare Bewusstseinstheorie dem bereits vielfältigen Kanon fehlerhafter Bewusstseinstheorien hinzuzufügen, erscheint es sinnvoller, die Perspektive der Forschung zu hinterfragen und zu ändern. In der Tat könnte die Wissenschaft das grundlegendste Problem des subjektiven Bewusstseins – die Umwandlung von *objektiven* Daten in *subjektive* Erfahrung – seit jeher aus dem falschen Blickwinkel betrachtet haben. Bis jetzt haben weder die Ansätze des Physikalismus noch die gegensätzlichen der Erkenntnistheorie und der Bewusstseinstheorie (vor allem Illusionismus und Idealismus) eine Ahnung über die genauen Modalitäten dieser Umwandlung. Es ist sogar ein relatives Novum, den Vorgang *Konversion* zu nennen. Zu erwarten ist, dass die Daten, die wahrgenommen werden, objektiv sind. Bei der Verarbeitung dieser Daten werden diese jedoch subjektiv gefiltert, bewertet und damit verändert und verzerrt. Die Art und Weise, wie der individuelle Denkraum die ehemals objektiven Daten filtert und verändert, ist unendlich komplex, lässt sich aber zweifelsohne auf ihre physischen Ursprünge zurückverfolgen. Es gibt jedoch keine Möglichkeit, Informationen über die Qualia einer Person zu erhalten; bereits das bloße Ansinnen wäre ein Kategorienfehler, denn Qualia basiert auf subjektiver Erfahrung. Nur die Erste-Person-Perspektive kennt ihre eigene Qualia – wenn überhaupt.

Da sich die Wissenschaft als unfähig erweist, die scheinbar ungreifbare Frage des menschlichen Bewusstseins in den Griff zu bekommen, könnten wir uns stattdessen darauf konzentrieren, zu verstehen, warum dies offenbar der Fall ist. Denn wenn alle bekannten Maßnahmen ständig scheitern, könnte die Grenze, die man hier zu überschreiten versucht, tatsächlich eine fundamentale Barriere darstellen.

Da der durch diese Barriere geschützte Raum kein geringerer ist als der innere Raum des Bewusstseins und die Barriere zwischen dem Neuron und dem inneren Raum, in dem die Qualia aus den eingehenden sensorischen Daten umgewandelt wird, dem „Mindspace“ (nach Julian Jaynes) verläuft, könnte der Begriff „Neuron-Mindspace-Barriere“ passen. Mehrere neuronale Barrieren sind in der Neurologie bereits bekannt, daher ist es nicht abwegig, die Existenz einer neuen Barriere anzunehmen, vor allem, wenn diese Barriere so sehr in empirischen Belegen verwurzelt ist wie die zugrundeliegende Erfahrung. Schließlich kennt fast jeder dieses Phänomen, da wir alle in der Lage sind, unsere Gedanken und Gefühle vor der Welt zu verbergen.

Die Perspektive ändern | Das Paradigma verschieben

Anstatt verzweifelt zu versuchen zu verstehen, wie phänomenales Bewusstsein und Qualia im Gehirn entstehen, könnten wir tatsächlich unsere Perspektive radikal verändern, indem wir zu verstehen versuchen, warum phänomenales Bewusstsein und Qualia sich so effektiv jeder Messung und Objektivierung entziehen.

Vielleicht besteht die nachgewiesene und anhaltende Unzugänglichkeit bewusster Erfahrung und der daraus resultierenden Qualia aus guten Gründen. Vielleicht haben diese Gründe etwas mit evolutionären Vorteilen zu tun, die sich aus der Privatheit und der Autonomie des Denkens und Erlebens sowie aus der Fähigkeit, ein Geheimnis im Gehirn zu behalten, ergeben haben.

Die derzeitigen Ungewissheiten und Unbeantwortbarkeiten in Bezug auf unser eigenes Bewusstsein lassen nur eine weitere sichere Schlussfolgerung zu: Wenn wir so wenig über unsere inneren Wahrnehmungen sicher wissen, wie die Modi unseres bewussten Erlebens, macht dies uns selbst zu unserem eigenen größten Rätsel. In seiner unvergleichlichen Komplexität und scheinbaren teilweise Widersprüchlichkeit könnte sich das Bewusstsein sehr wohl als das größte Rätsel der menschlichen Existenz erweisen. Als ultimativ Ungreifbares scheint sich das Bewusstsein jeder wissenschaftlichen Entschlüsselung des Phänomens als Ganzes zu entziehen.

Nun könnte man leicht argumentieren, dass eine ganze Reihe anderer großer wissenschaftlicher Rätsel, wahrscheinlich angeführt von der Vereinheitlichung der allgemeinen Relativitätstheorie und der Quantenmechanik oder die Herausforderungen der Stringtheorie, als mindestens ebenso anspruchsvoll angesehen werden müssen. Allerdings ist das Bewusstseins-Problem auch in dieser Hinsicht einzigartig: Alle anderen denkbaren wissenschaftlichen Rätsel betreffen Phänomene, die sich in der Außenwelt abspielen, während Bewusstsein an den inneren Raum des Geistes gebunden ist. Zusätzlich kommt hinzu, dass die Bedingungen des Bewusstseins mit Hilfe des Organs untersucht werden, das „irgendwie“ an der Entstehung des Bewusstseins beteiligt ist – unser biologisches menschliches Gehirn auf Proteinbasis. Emil du Bois-Reymond, der das Problem des Bewusstseins als drittes großes Welträtsel postulierte, ging auch davon aus, dass die menschliche Erkenntnisfähigkeit zu begrenzt sei, um solch fundamentalen Fragen auf den Grund zu gehen, und vielleicht hat er recht. Alle bisherigen Ansätze scheiterten daran, das Bewusstsein in seiner Gesamtheit zu verstehen, und obwohl die Vorstellung, dass das Problem nie gelöst werden kann, vorerst zu ignorieren ist, sind auch völlig neue Ansätze wie der geerdete Funktionalismus des Philosophen Paul Skokowkis oder die Theorie des leeren Gehirns des Neurowissenschaftlers Robert Epstein kohärent, aber letztlich auch reduktive Modelle, die lediglich vorgeben, eine völlig neue Perspektive einzunehmen, um kontraintuitive und nicht uberprüfbare Prämissen in Skokowkis und höchst spekulative und entlarvend reduktive Annahmen im Fall von Epstein zu elaborieren.

Wenn Emil du Bois-Reymond mit seinen Zweifeln an den Fähigkeiten der Menschheit Recht hat, wird die Menschheit vielleicht erst ex negativo zu verstehen beginnen, was menschliches Bewusstsein ist – durch die Konfrontation mit pseudo-sensitiven Systemen zum Beispiel. Von der Technologie herausgefordert, muss sich die Menschheit über das Wesen ihrer eigenen Spezies in anthropologischen, philosophischen und ethischen

Dimensionen endlich Klarheit verschaffen. Dies scheint weder mit den Mitteln einer Reduktion noch mit irgendeiner Art von „Zentrismus" erreichbar zu sein, da diese Ansätze der Komplexität des Phänomens nicht im Entferntesten gerecht werden und, im Falle der meisten Zentrismen, stark perspektivabhängig sind.

Stellen wir uns also ein Gedankenexperiment vor: Nehmen wir an, die Menschheit habe die Kräfte der bedeutendsten Denker aller relevanten Disziplinen gebündelt und in einem großen interdisziplinären Kraftakt schließlich eines Tages die Lösung zum Bewusstseinsproblem gefunden. Angenommen, an diesem Tag wäre das Bewusstsein sowohl auf den granularsten Ebenen als auch auf der höchsten Abstraktionsebene verstanden worden. Von diesem Tag an würden wir automatisch viele, wenn nicht sogar alle anderen Mysterien verstehen, die die Menschheit betreffen, wie die Frage nach einem Leben nach dem Tod und generell alle metaphysischen Fragen, die sich auf die eine oder andere Weise mit dem Geist befassen. Es sieht so aus, als bräuchte man letztlich eine *Große Vereinheitlichende Theorie* (GUT), um all die verschiedenen Mysterien und Facetten des Bewusstseins und der Wahrnehmung kohärent und widerspruchsfrei zu erklären. Aber eine solche GUT wäre nur möglich, wenn sich das Bewusstseinsproblem nicht als eine a priori unbeantwortbare Frage darstellt.

Am bedenklichsten ist, dass sowohl die Ergebnisse wissenschaftlicher Forschung als auch das allgemein Anerkannte über das zugrundeliegende Phänomen bisher bemerkenswert gering sind. Inzwischen mangelt es jedoch nicht an neuen Theorien, die nur durch ihre eklatante Insuffizienz, die Entstehung des Bewusstseins zu beschreiben und zu erklären, geeint sind. Diese Tendenz zur wissenschaftlichen Fragmentierung, die durch immer neue Ansätze verursacht wird, die versuchen, einen bestimmten, überschaubaren Teil des Problems zu erklären, anstatt einen Schritt zurückzutreten und das Ganze zu betrachten, verringert die Chancen auf einen wirklichen Durchbruch. Folglich ist eine GUT so weit entfernt, dass es sogar als naiv erscheinen mag, Hoffnungen auf eine GUT wachzuhalten.

Die Sphäre der Qualia, egal wie hartnäckig die Wissenschaft versucht, ihre wahre Natur zu enthüllen, bleibt von jedem Versuch, sie zu erschließen, unbeeindruckt und unberührt.

Soweit sich der gegenwärtige wissenschaftliche Konsens verallgemeinern lässt, hat nur die Perspektive der ersten Person einen direkten Zugang zu ihren eigenen Qualia. Ungeachtet dieser Überlegungen kündigte der Serienunternehmer Elon Musk an, bereits 2022 mentale Zustände aufzeichnen zu können, und zwar über eine Gehirn-Computer-Schnittstelle von *Neuralink*. Aber zuerst hat Musk der Welt gezeigt, dass Affen durch bloßes Denken Videospiele spielen können. Leider starben viele der Affen während der Versuchsphase an den Folgen der zahlreichen Operationen, die sie ertragen mussten. Damit kamen Musks Ambitionen, seine Technologie an lebenden Menschen zu testen, zum Erliegen.

Die Technologie der Gehirn-Computer-Schnittstellen stellt jedoch die wichtigste Schlüsseltechnologie auf der Suche nach dem Bewusstsein dar. BCIs versprechen verschiedene Arten des Gedankenlesens zu ermöglichen und sind dementsprechend bereits jetzt mit beinahe abergläubischen Vorstellungen von allmächtigen Fähigkeiten aufgeladen. Die BCI-Technologie behauptet eindeutig, dass sie eines Tages in der Lage sein wird, das Bewusstsein und seine Korrelate zu messen, Gedanken und schließlich den Geist zu entschlüsseln. Aber ist das wirklich möglich? Und was ist mit Qualia?

Bemerkenswerterweise steht das Tempo der derzeitigen Fortschritte in krassem Gegensatz zu den historischen Grundlagen, die die gegenwärtige Entwicklung überhaupt erst möglich gemacht hat. Vor fast einem Jahrhundert war die Entdeckung der messbaren Gehirnaktivität ein großer Durchbruch. Obwohl die Elektrizität des Gehirns im Tierreich 50 Jahre zuvor bestätigt worden war, lieferte Bergers Entdeckung weitere Beweise dafür, dass der Mensch nicht nur Teil des Tierreichs ist, sondern letztlich auch, dass das menschliche Gehirn wie eine Maschine funktioniert, angetrieben und gesteuert von Elektrizität. Zumindest prinzipiell ist diese Interpretation die plausibelste im Kontext von Bergers Forschungsgebiet. Bergers Entdeckungen etablierten die mechanistische Weltsicht weiter als führende Perspektive. Interessanterweise wurzelte Bergers Interesse an der Hirnforschung in einer paranormal klingenden persönlichen Erfahrung mit telepathischer Kommunikation: Während des Ersten Weltkriegs kam Berger bei einem militärischen Unfall fast ums Leben, und seine Schwester, die viele Meilen entfernt war, wusste sofort, dass er in Gefahr war und bestand darauf, dass ihr Vater Hans ein Telegramm schickt, um sich zu vergewissern, dass es ihm gut geht. Berger erinnert sich: „Es war ein Fall von spontaner Telepathie, bei der ich in einer Zeit tödlicher Gefahr, als ich den Tod vor Augen hatte, meine Gedanken übermittelte, während meine Schwester, die mir die mir besonders nahe stand, als Empfängerin fungierte."

Die Barriere zwischen Neuronen und dem „Mindspace": Die Grenzen des reduktiven Physikalismus

Im Prinzip ist der Prozess der Kommunikation von mentalen Zuständen hinreichend verstanden; es sind jedoch seine inhärenten Grenzen, die das Modell dieses Prozesses heuristisch aufschlussreich machen. Ein Gedanke oder mentaler Zustand oder eine Art von Inhalt wird in Sprache übersetzt. Während des Sprechens wird die Sprache, wie sie von den linguistischen Eigenschaften des Gehirns formuliert wird, kontinuierlich in neuronale Bewegungsmuster kodiert, sei es für die Muskelkoordination beim Sprechen oder die Muskeln, die für die Handschrift oder das Tippen benötigt werden. Was auf der neuronalen Ebene unterbleibt bzw. blockiert wird, ist jede direkte Information über die Ontologie der inneren Welt. Qualia lassen sich weder durch Sprache noch durch neuronale Messmethoden exakt darstellen.

Alle Aspekte des phänomenalen Bewusstseins vermeiden jede intersubjektive Einsicht bemerkenswert mühelos. Während die Wissenschaft in der Lage ist, alle Stoffwechsel- und elektrischen Gehirnaktivitäten mit zunehmender Präzision zu messen, was Rückschlüsse auf faktische Gedanken ziehen lässt, funktioniert dies nicht für Erfahrungsbewusstsein. Der Sinnesapparat ist gründlich untersucht worden, und es besteht Einigkeit darüber, wie die Sinnesinformationen über die Sinne wahrgenommen und im Gehirn verarbeitet werden. Aber wir haben immer noch keine Ahnung, warum der eine die Farbe Blau oder den Geschmack von frischem Knoblauch mag und der andere nicht. Und selbst wenn wir die Gründe für diese Unterschiede erklären könnten, könnten wir nie sagen, wie die erste Person genau fühlt, wenn sie mit der Farbe Blau oder dem Geschmack von frischem Knoblauch konfrontiert wird.

Die neuronale Aktivierung des Gehirns wird begleitet von elektrischen Ladungen und Entladungen, die Verbindungen herstellen und Gehirnzellen aktivieren. Diese teilweise subtilen Spannungsänderungen werden mit hoher Präzision aufgezeichnet und analysiert. Während klar definiert ist, wie Sinnesdaten wahrgenommen werden, ist es praktisch unbekannt, wie diese Sinnesdaten in innere bewusste Erfahrung umgewandelt werden. Jede Klarheit scheint jenseits der neuronalen Ebene zu enden. Bis hierher sind die Vorgänge relativ eindeutig interpretierbar, doch jenseits der neuronalen Schwelle öffnet sich der Raum des Undurchsichtigen. Wie eine halbdurchlässige Membran könnte das Neuron die Sinnesdaten durchlassen, die im Begriff sind, bestimmte Qualia zu instanziieren, und in die innere Sphäre des Bewusstseins passieren lassen, während es die Grenze in die entgegengesetzte Richtung versiegelt.

Laut einer der jüngsten techno-metaphorischen Theorien, Epsteins Ansatz des „leeren Gehirns", funktioniert das Gehirn als (bidirektionaler) Wandler. Wenden wir dieses Modell kurz an, um uns die Neuron-Mindspace-Grenze als einen monodirektionalen Wandler (Transducer) zu betrachten. Wenn Qualia-induzierende sensorische Daten die semipermeable Neuron-Mindspace-Schranke passieren, werden diese Datenbündel Sekundenbruchteile später zu Qualia verarbeitet, nur um dann im inneren Raum des Bewusstseins eingekapselt zu werden. Dieser Prozess wandelt objektive Daten in subjektive Erfahrung um. Aber handelt es sich bei diesem Prozess wirklich überhaupt um eine Form der Repräsentation? Oder ist der Prozess der Umwandlung von Daten in Qualia letztlich eine höchst abstrakte Form eines Stoffwechselprozesses in dem Sinne, dass das physikalische Substrat einer Information verändert wird und neue Schichten subjektiver Eigenschaften zu ihren objektiven Grundlagen hinzufügt?

Die sensorischen Daten, die das menschliche Gehirn wahrnimmt, sind zwar objektiv, aber offensichtlich werden diese objektiven Daten augenblicklich in subjektive Erfahrungen umgewandelt. Wie dieser Umwandlungsprozess genau funktioniert, ist höchst undurchsichtig. Es scheint jedoch, dass diese Umwandlung zu subjektiven Erfahrungen führt, die sich auf objektive Ursprünge stützen, die in der Realität verwurzelt sind. Das Gehirn scheint filterartige Eigenschaften zu besitzen, die es ihm ermöglichen, die objektiven Daten sofort mit einem subjektiven Anstrich zu versehen und damit die ursprünglichen Daten auf unumkehrbare Weise zu verändern.

Die Umwandlung von objektiven Daten in subjektive Erfahrungen erscheint also als ein einseitig gerichteter und unumkehrbarer Prozess. Dieser Prozess zeigt Anzeichen eines pseudo-metabolischen Prozesses in dem Sinne, dass ein Wechsel des Substrats zu erfolgen scheint.

Intuitiv könnte man argumentieren, dass es sich hierbei nur um eine weitere vage und metaphorische Sichtweise auf Fragen des Bewusstseins handelt, und man könnte auch anführen, dass Bewusstsein und Qualia lediglich sensorische Daten in einem veränderten Aggregatzustand darstellen. Der beschriebene Pseudo-Stoffwechselprozess ist ein verlockendes Modell, da er versucht, die tatsächlich stattfindenden physischen und mentalen Prozesse zu beschreiben. Insofern ist er keine Metapher. Hingegen wäre der Ansatz eines veränderten Aggregatzustandes von Natur aus metaphorisch und auch fehlerhaft, da Wasser, das zu Eis gefriert jederzeit schmelzen und sich wieder in Wasser verwandeln. Subjektive Qualia hingegen, sobald sie einmal aus objektiven Daten erzeugt wurden, können offenbar nicht wieder in Daten zurückverwandelt werden. Es ist genau diese besondere, nicht greifbare Qualität bewusster Erfahrung, dass manche sie sogar als völlig illusorisch betrachten.

Denn die Qualia, die in unserem inneren Bewusstseinsraum so anschaulich auftauchen, zum Beispiel wenn wir nachts im kalten Meer schwimmen oder im Sonnenschein in eine saftige Frucht beißen, fühlen sich für das erlebende Subjekt ganz und gar nicht wie eine Illusion an. Sie fühlen sich auch nicht wie eine Repräsentation an. Alles fühlt sich an, riecht, sieht aus, klingt und schmeckt wie die Realität – wie das Leben in seinen sinnlichsten Formen. Und genau das ist vielleicht der größte Trick der Qualia. Wie ein Individuum gegebene Qualia induzierende Sinnesdaten erlebt, hängt weitgehend von früheren Erfahrungen ab, die mental als Vorlieben, Abneigungen oder ambivalente Gefühle erlebt werden. Diese „Voreinstellungen“ prägen die aktuellen Erfahrungen in erheblichem Maße und bestimmen die Art der Qualia in einer mehr oder weniger vorhersehbaren Weise. Das genaue Gefühl, die Qualia zu erleben, nachts im dunklen Meer zu schwimmen oder ein saftiges Stück Ananas zu verschlingen, befindet sich im inneren Raum des Bewusstseins, der letztlich intersubjektiv unzugänglich ist, da er nur dem Individuum gehört.

Aber warum ist dies der Fall? Warum schützt die Neuron-Mindspace-Barriere den phänomenalen Innenraum eines Individuums wie einen heiligen Gral, warum werden Qualia vielleicht sogar durch die Neuron-Mindspace-Schranke versiegelt?

Die Antwort scheint auf der Hand zu liegen: Weil der phänomenale innere Raum des Bewusstseins und der Qualia der heilige Gral der Subjektivität ist.

Die Unzugänglichkeit des phänomenalen Bewusstseins und der Qualia als evolutionärer Schutzmechanismus

Bis jetzt kann weder der reduktive Physikalismus noch der Illusionismus oder irgendeine andere Theorie des Geistes die Entstehung des Bewusstseins erklären. Es existiert bisher nicht einmal eine allgemeine Übereinstimmung darüber, was Bewusstsein wirklich ist. Um die Komplexität des Themas noch zu erhöhen, entzieht sich das subjektive Bewusstsein jeder objektiven Analyse nicht nur effektiv, sondern vielleicht sogar absichtlich. Lassen wir das einmal auf uns wirken.

Auf den ersten Blick mag das Argument völlig absurd erscheinen. Denn wessen Absicht sollte in diesem Fall die Ursache der Wirkung sein? Der Verstand, der seine eigene Absicht, seine Innenperspektive und seine subjektiven Erfahrungen um jeden Preis zu schützen versucht? Die Absicht, wenn man sie so nennen darf, könnte eher eine systemische sein – ein Muster, das sich während der Evolution des Geistes bewährt hat.

Doch zurück zur Frage der Objektivität: Wir müssen uns zunächst fragen, ob die Sinnesdaten, die vom Gehirn wahrgenommen werden, tatsächlich objektiv sind. Erkenntnisse aus der Neurowissenschaft haben ergeben, dass unsere Wahrnehmung der Realität keine getreue Repräsentation dieser Realität ist, sondern konstruierte Simulation der virtuellen Realität. (Glattfelder, 2019) Diese internen Simulationen sind natürlich durch Qualia gefärbt, aber wie objektiv sind die eingehenden Daten überhaupt?

Der Verstand, dessen sind wir uns inzwischen sicher, kann auf vielfältige Weise und in beunruhigendem Ausmaß getäuscht werden, zum Beispiel durch Sinnestäuschungen. Die Tendenz des Verstandes, Lücken zu füllen, ist ein weiteres verzerrendes Element, das zur Ungenauigkeit jeder Art von mentaler Repräsentation beiträgt. Aber auch hier gilt: Können die Sinneseindrücke, die die Schwelle zu unseren Sinnesorganen überschreiten, a priori objektiv sein?

Diese Frage ist alles andere als trivial, sondern lässt sich nur schwer allgemein beantworten. Mit anderen Worten: Ja, es scheint objektiv zu sein. In den meisten Fällen „normaler Wahrnehmung“ ist es wahrscheinlich, aber in vielen Fällen funktioniert es eben nicht auf diese Weise.

Arbeiten wir die Richtung dieses Gedankens ein wenig weiter aus: Während einer Autofahrt in der Nacht beginnt es zu regnen. Plötzlich ist die Sicht neblig, also schaltet der Fahrer den Scheibenwischer ein. Nun hängt es von den Intervallen des Wischers ab, wie klar die Sicht bleibt. Plötzlich fällt der Scheibenwischer ganz aus. Der Fahrer kann nichts mehr klar erkennen und beendet die Fahrt. Die Windschutzscheibe ist inzwischen ganz nass und undurchsichtig. Der Fahrer beugt sich vor und sieht nun aus der Nähe, wie undurchsichtig die nasse Schicht die Außenwelt macht. Sind die aus dieser Situation abgeleiteten Daten objektiv? Bei einer geistig gesunden Person ohne Drogeneinfluss höchstwahrscheinlich ja. Aber könnten sie gleichzeitig auch verzerrt sein, wie während der langsameren Intervalle des Wischers?

Es sind mehrere Szenarien einer verzerrten Wahrnehmung denkbar, obwohl objektive Daten vorlagen. Der Fahrer könnte zum Beispiel in den Tunnelblick kommen, niesen oder hyperventilieren. All diese Umstände würden das Bewusstsein des Fahrers in erheblichem Maße verändern. Offensichtlich ist der Grad der Aufmerksamkeit der entscheidende Faktor. Um bei dem Beispiel zu bleiben, erscheint es wahrscheinlich, dass die Aufmerksamkeit des Fahrers zunahm, sobald der Regen einsetzte. Steigert diese erhöhte Aufmerksamkeit auch den Grad der objektiven Beobachtung? Höchstwahrscheinlich ja, insofern, als sie das situative Bewusstsein steigert. Ein angemessenes Situationsbewusstsein macht es wahrscheinlicher, auftretende Gefahren erkennen und vermeiden zu können. Sicherlich werden aber oft auch interne Faktoren wie ein plötzlicher Adrenalinschub, die die auftretenden Qualia in erheblichem Maße beeinflussen, schlicht übersehen. Aber wie genau lassen sich diese Qualia übersetzen, zum Beispiel in Sprache? Es bliebe in jedem Fall eine grobe Abstraktion. Diese Abstraktion muss vom empfangenden Individuum dann noch korrekt dekodiert werden, bevor es die beschriebene Erfahrung simulieren und mit den eigenen Qualia vergleichen kann. Das Ergebnis wird daher unweigerlich eine verzerrte und reduzierte Emulation der ursprünglichen Qualia sein. Letztlich ist die Unzugänglichkeit des phänomenalen Bewusstseins und der Qualia – bis zu dem Punkt, dass selbst das erlebende Individuum eindeutig überfordert ist, ihre Inhalte in prägnanter und intersubjektiv sinnvoller Weise zu kommunizieren – kein Zufall, sondern eine gesellschaftliche Notwendigkeit, die durch evolutionäre Anpassung vorgezogen wurde. Nach dem allgemeinen Ende des nomadischen Lebens und während der Entwicklung sesshafter Gesellschaften könnte es sich gezeigt haben, dass die Privatsphäre die erfolgreichste Form der Anpassung war.

Ironischerweise erwies sich die Fähigkeit, ein Geheimnis zu bewahren, zu lügen und zu manipulieren als für das Überleben in weiter entwickelten sesshaften Gesellschaften als bedeutend, was zu einer expliziten Gegenwelt zu einer möglichen früheren telepathischen Mentalität der früheren Menschen führte.

Es ist vielleicht kein Zufall, wie grundlegend und widerstandsfähig das Bewusstsein sich der äußeren Analyse entzieht. Was so unzureichend als die Neuron-Mindspace-Barriere beschrieben wird, die Grenze, die die innere Perspektive von der äußeren Beobachtung trennt, könnte das mächtigste Instrument sein, um die Subjektivität vor Objektivierung zu bewahren. Wenn das stimmt, wäre jeder Versuch, die Neuron- Mindspace-Schranke zu überwinden, nicht nur sinnlos, sondern potenziell gefährlich; aber nur, wenn wir die Forschungen fortsetzen, haben wir eine Chance, in einen Zustand des Verstehens einzutreten, der die hiermit formulierte Intuition von der Unzugänglichkeit des phänomenalen Bewusstseins und der Qualia als evolutionären Schutzmechanismus bestätigen kann.

Indem wir das Wesen des Bewusstseins, seine subjektiven Inhalte und seine Qualia als ein unzugängliches Geheimnis darstellen, das selbst der Folter standhält, und das auf keinen Fall an Dritte weitergegeben werden darf, hat vielleicht viele Millionen, wenn nicht Milliarden von Leben in der Geschichte der Menschheit gerettet. Dies könnte der zugrunde liegende evolutionäre Grund sein, warum Bewusstsein und Qualia sich als undurchdringlich für alle bekannten wissenschaftliche Ansätze erweisen.

4. Potenzielle ethische Herausforderungen und Gefahren

Die erweiterte Kognition wird – in unterschiedlichem Maße – auf einem breiten Spektrum postuliert, an dessen einem Ende ein altmodisches Notebook und am anderen Ende ein modernes Smartphone steht. Jedes Gerät, das in der Lage ist, die menschliche Kognition zu unterstützen und auszulagern, kann als eine Form der erweiterten Kognition angesehen werden. Mit dem Aufkommen fortschrittlicher Gehirn-Computer-Schnittstellen kann sich diese Tendenz jedoch insofern umkehren, als über die Schnittstelle zusätzliche Erkenntnisse aus der Außenwelt in die Innenwelt des Gehirns gebracht werden. Diese zusätzliche und/oder verbesserte Wahrnehmung würde das Gehirn des Empfängers auf ein neues Niveau von Leistungsfähigkeit, Anpassungsfähigkeit, Rationalität und sogar Einsicht heben.

> „Über die langfristigen Auswirkungen derartiger Systeme kann derzeit nur spekuliert werden. Eine direkte Verbindung zwischen den induktiven mentalen Prozessen beim Lösen von Problemen und den symbolmanipulierenden, deduktiven Fähigkeiten des Computers zu schaffen, ist in gewisser Weise das ultimative Ziel einer Mensch-Maschine-Kommunikation. Es würde den Computer tatsächlich zu einer echten prothetischen Erweiterung des Gehirns machen." (Vidal, 1973, S. 158)

Manchmal ist die historische Perspektive entscheidend, um die in der Gegenwart erzielten Fortschritte zu würdigen. Im Falle des Zitats von Jacques Vidal zeigt es (neben den visionären Qualitäten von Vidal selbst) deutlich, wie weit wir uns den langfristigen Zielen der Kommunikation zwischen Gehirn und Computer bereits angenähert haben.

Eine der vielversprechendsten denkbaren Möglichkeiten fortschrittlicher Gehirn-Computer-Schnittstellen ist nicht nur die direkte Kommunikation mit der grauen Substanz einer Person oder das Herunter- oder Hochladen geistiger Inhalte, sondern die Möglichkeit, den gesamten Geist dieser Person „herunterzuladen". Nach dieser Prozedur könnte der Geist in eine virtuelle Welt oder einen Roboter-Avatarkörper hochgeladen werden. Für diesen noch hypothetischen Prozess gibt es verschiedene Bezeichnungen, wobei „Whole Brain Emulation" (WBE) oder „Mind Uploading" die am häufigsten verwendeten Begriffe sind. Aktuell stößt dieses Konzept jedoch an konkrete Machbarkeitsgrenzen.

„Das Problem – das technische Problem – besteht darin, dass ein großer Teil des menschlichen Selbstmodells im Körper verankert ist, im Bauchgefühl, in den Wahrnehmungen der inneren Organe, im vestibulären Sinn, und deshalb kann man das menschliche Selbstmodell nicht wirklich aus dem biologischen Körper herauskopieren, es sei denn, man würde es an einem bestimmten Punkt sozusagen abschneiden. Und dann hätte man vielleicht ein Gefühl für sich selbst, dass man in einen Avatar springt, aber man hätte nicht diese ganze geerdete Verkörperung, das Bauchgefühl, das emotionale Selbstmodell, das Gefühl von Gewicht und Schwere – all das wäre weg.“ (Metzinger, 2009, S. 28)

Der Brückenschlag zwischen Protein und Silizium ist nicht nur wegen historischer Ambitionen wie WBE oder wegen der strukturellen, physikalischen Kluft, die in der Dichotomie von biologischen und künstlichen Stoffen lauert, ein so gigantisches Unterfangen. Tatsächlich ist die tiefere und möglicherweise gefährlichere Kluft eine semantische: das Problem der Kommunikation (und der unzähligen Ungewissheiten, die damit einhergehen). Das heißt, wir können Wege finden – und haben sie auch schon gefunden –, um die physikalischen Probleme zu lösen, die sich aus dem Auslesen der Gehirnaktivität ergeben. Dennoch können wir durch viel ältere Kommunikationsprobleme, wie die doppelte Kontingenz, herausgefordert werden.

Zwei biologische Gehirne können nicht direkt miteinander sprechen, da sie in zwei getrennten Schädeln verkapselt sind; was miteinander spricht, sind eigentlich zwei sprachproduzierende Systeme. Die beiden Gehirne sind im Wesentlichen Black Boxes für einander – und zu einem gewissen Grad auch für sich selbst. Wenn diese beiden kognitiven Systeme also miteinander interagieren, müssen sie sich auf die Wahrhaftigkeit und Authentizität ihrer Kommunikationsmittel verlassen. Mimik, Gestik und Gesichtsausdruck sollten in direktem und ehrlichem Zusammenhang mit dem Inhalt der verbalen Kommunikation stehen, nicht im Gegensatz zu ihr. Ist dies nicht der Fall, ist die Kommunikation nicht erfolgreich, und es ist sehr wahrscheinlich, dass eine der beiden Parteien von der anderen manipuliert wird. Nebenbei bemerkt: Menschen sind oft intuitiv in der Lage, solche Unstimmigkeiten zu erkennen, und fortschrittliche Algorithmen, die Ironie in Texten erkennen können, stützen sich auf die gleiche Diskrepanz zwischen äußerer

Form und Inhalt, denn nur wenn die Emoticons im Gegensatz zum Inhalt stehen, kann der Algorithmus Ironie oder Sarkasmus zuverlässig erkennen.

Aber selbst wenn alles übereinstimmt und dem erfolgreichen Dekodieren der sprachlichen Kommunikation nichts im Wege steht, können wir nicht objektiv wissen, was der andere meint, fühlt oder ausdrücken will, was in der semantischen Lücke, die die Sprache selbst bildet, begründet liegt. Wie der deutsche Philosoph Ludwig Wittgenstein in seinem weltberühmten *Tractatus logico-philosophicus* ausführte, gibt es bestimmte Grenzen und Beschränkungen dessen, was Sprache ausdrücken kann. Jenseits dieser Grenzen gibt es nur Verwirrung, Interpretationen, Vermutungen – und Missverständnisse. Wittgenstein sah in der Sprache sogar eine Ablenkung vom eigentlichen Gedanken, denn

> „... die Sprache verschleiert den Gedanken; so dass man von der äußeren Form der Kleider nicht auf die Form des Gedankens schließen kann, den sie bekleiden, weil die äußere Form der Kleider zu einem ganz anderen Zweck konstruiert ist, als um die Form des Körpers erkennen zu lassen." (Wittgenstein, 1921, S. 33)

Die Willkürlichkeit der Sprache schafft die ihr innewohnende Unsicherheit und Ambivalenz. Da es sich bei der Sprache um ein Repräsentationssystem handelt, kann die Beziehung zwischen Gedanken und Sprache mit der Beziehung zwischen Gedanken und physikalisch messbarer Hirnaktivität verglichen werden, denn in beiden Fällen repräsentiert die letztere die erstere. Und in beiden Fällen gibt es keine direkte und eindeutige Kausalität. Mit anderen Worten: Zwischen dem Gedanken und den Worten, die ihn repräsentieren, klafft eine ebenso große Lücke wie zwischen dem Gedanken und der gleichzeitig stattfindenden Hirnaktivität. Wittgenstein sah einen spezifischen funktionalen Zusammenhang zwischen der Sprache und den Gedanken (oder in diesem Fall der beabsichtigten Bedeutung):

> „Denken Sie an die Werkzeuge in einem Werkzeugkasten: Es gibt einen Hammer, eine Zange, eine Säge, einen Schraubenzieher, ein Lineal, einen Leimtopf, Nägel und Schrauben. Die Funktionen der Wörter sind so vielfältig wie die Funktionen dieser Gegenstände." (Wittgenstein, 1921, S. 35)

Mit dem Aufkommen von Gehirn-Computer-Schnittstellen könnte dieser Werkzeugkasten etwas weitaus Mächtigeres werden als eine bloße Bedienungsanleitung zur Kommunikation, denn BCI-basierte Interaktion verspricht, sich zu einem nahtlosen Informations- und Datenaustausch zwischen einem Gehirn und einem Computer, aber im Prinzip auch zwischen zwei menschlichen Gehirnen zu entwickeln. Unter dieser Prämisse besteht die Möglichkeit der Entwicklung fortgeschrittener sprachlicher Mittel, die den Gedanken hinter den Worten besser gerecht werden. Technisch gesehen könnte dies sogar das Ende der Sprache bedeuten, zumindest das Ende ihrer Notwendigkeit. Die damit verbundene Technologie könnte jedoch auch neue Komplikationen zu unseren bereits mangelhaften Kommunikationsmethoden hinzufügen.

Ein weiteres Problemfeld, das eng mit der Kommunikationslücke verbunden ist, besteht in der therapeutischen Nutzung von Gehirn-Computer-Schnittstellen und den Kaskaden möglicher Probleme, die sich daraus ergeben könnten. Innerhalb der Neurowissenschaften gibt es eine Tendenz, Korrelationen zwischen mentalen Zuständen und Verhalten (bzw. physischen Prozessen) zu postulieren. (vgl. Friedrich, 2013, S. 228) Allerdings darf Korrelation erstens nie mit Kausalität verwechselt werden, und zweitens scheint dieser Zusammenhang nicht annähernd so eindeutig zu sein, wie es die oft vollmundigen Aussagen der Neurowissenschaften nahelegen. Die Eigenschaften einer Persönlichkeit, auf die sich die durch bildgebende Verfahren gewonnenen Bilder beziehen, sind nicht so eindeutig, wie es die vorherrschende Denkweise suggerieren will. (ebd., S. 231) Im Jargon des französischen Philosophen Jean Baudrillard ist die Beziehung zwischen den beobachtbaren physikalischen Prozessen im Gehirn und den inneren Empfindungen nicht unbedingt eine Beziehung kausal kodierter Abstraktion, wie die Karte und das Territorium, sondern vielleicht eine viel willkürlichere und somit subjektivere, als gemeinhin angenommen und wissenschaftlich suggeriert wird.

Die meisten neurowissenschaftlichen Eingriffe, die eine ethische Reflexion erfordern, zielen direkt auf den Körper ab, um die Persönlichkeit zu verändern. (ebd., S. 231) Aber existiert wirklich etwas Einzigartiges an einer Persönlichkeit, das es wert ist, bewahrt zu werden, und das auf keinen Fall verändert werden sollte? Gibt es wirklich einen monolithischen Persönlichkeitskern, der um jeden Preis geschützt werden muss? Der Rückgriff auf eine vermeintliche Kernpersönlichkeit oder Idealpersönlichkeit ist mit begrifflichen Schwierigkeiten behaftet und hängt stark von Normen und Denkweisen ab. (vgl. Friedrich, 2013, S. 232) Aber mehr noch, das Konzept einer unveränderlichen Kernpersönlichkeit erscheint als eine fehlerhafte, fast romantische und sicherlich anachronistische Vorstellung, die einem großen Teil des gegenwärtigen wissenschaftlichen Status quo teils vehement widerspricht. Im Gegenteil, unsere Persönlichkeit scheint spätestens in der digitalen Welt längst der echten Willensfreiheit beraubt zu sein und stattdessen von algorithmischen Einflussfaktoren determiniert zu werden. Eine Person kann zwar frei wählen, aber die Wahl wird von allen möglichen externen Faktoren beeinflusst, vor allem von Genetik, Milieu, persönlichen Erfahrungen und Prägungen. Diese Faktoren sind wie Fäden, die an den Armen und Beinen des Individuums befestigt sind und seine illusorische Willensfreiheit in ein manipuliertes Spiel verwandeln, dessen Ergebnisse für einen Laplace'schen Dämon (und eine zunehmend algorithmisch gesteuerte Welt) völlig vorhersehbar erscheinen.

Ausgehend von der Vorstellung eines Individuums, nur in der mehr oder weniger ausgefeilten Illusion lebend, frei zu handeln, und angesichts des (phänomenalen) Selbst(modells), das weit davon entfernt ist, fest, stabil und unveränderlich zu sein, scheint es kontraintuitiv, jegliche Veränderungen einer Persönlichkeit zu vernachlässigen. In der Tat wird der größte Teil der BCI-vermittelten Interventionen die Persönlichkeit wahrscheinlich nicht in einer Weise verändern, die über den Einfluss der zuvor erwähnten deterministischen Faktoren hinausgehen würde. Da aber kein „Puppenspieler" die oben erwähnten Fäden, die die Persönlichkeit bewegen, kontrolliert, könnten durch BCI vermittelte Interventionen dies radikal ändern. Was bedeutet: während alle anderen Einflussfaktoren deterministisch, aber mehr oder weniger kontingent sind, könnten Gehirn-Computer-Schnittstellen den Horizont für Myriaden von manipulativen und vielleicht sogar böswilligen Anwendungen öffnen. Auf diese Weise könnte die *Puppe*, die unsere Persönlichkeit ist, schlussendlich ganz offiziell ihren *Puppenspieler* bekommen.

Natürlich erwachsen hieraus eine Vielzahl weiterer Ambivalenzen. Therapeutische Eingriffe, die zu objektiv besseren Verhaltensweisen oder Bedingungen für das Subjekt und die Gesellschaft als Ganzes führen (wobei persönliche Aspekte verloren gehen, die für das Individuum vielleicht sogar von Vorteil, aber für das Kollektiv problematisch sein könnten), erscheinen zwar wünschenswert, müssten aber von Ethikkommissionen überwacht werden. Andererseits erweitert die Option eines unbekannten Dritten, der die Kontrolle über entscheidende Gehirnbereiche einer Person übernimmt und in die Lage versetzt wird, deren Inhalte und sogar Funktionen nach Belieben (und gegen den – manchmal sogar unaussprechlichen – Willen der ersten Person) zu verändern und zu formen, den Diskurs in den Bereich der Cybersicherheitsethik. Die Vorstellung des Hackers, der sich – egal ob privat oder behördlich – über eine Hirn-Computer-Schnittstelle in das Gehirn einhacken könnte, ist geradezu alptraumhaft. Bei einem solchen Hack könnten Daten nicht nur ausgelesen, sondern auch verändert, gelöscht oder hinzugefügt werden. Unbemerkt von der Person könnten Erinnerungen heruntergeladen und weitergegeben, dauerhaft gelöscht oder – in einem noch bedenklicheren Szenario – externe Inhalte in das Gehirn hochgeladen werden, um falsche Erinnerungen zu erzeugen.

Schon vor Jahrzehnten legten psychologische Experimente nahe, dass es möglich ist, falsche Erinnerungen in die Hirnbiografie einzufügen, und zwar ohne jegliche Technik und sogar ohne starke Manipulationsstrategien. In einem Experiment namens „Lost in the Shopping Mall" überzeugte die amerikanische Psychologin Elisabeth Loftus 25 % der Versuchspersonen, sich als kleines Kind in einem Einkaufszentrum verlaufen zu haben, und schuf so eine so genannte reiche falsche Erinnerung. Ungeachtet des fragwürdigen Kontextes der Experimente, die darauf abzielten zu suggerieren, durch Therapiesitzungen wiedergewonnene Erinnerungen an traumatischen Missbrauch in der Kindheit könnten tatsächlich implantierte „false memories" sein, zeigten die „Lost in the Shopping Mall"-Versuche, wie anfällig und veränderbar das biografische Gedächtnis anscheinend ist. Die Ergebnisse weisen auf die unbestreitbare Macht der Konfabulation hin, ein psychologisches Phänomen, bei dem Lücken durch phantasievolle – und in aller Regel kontrafaktische – innere Erzählungen aufgefüllt werden.

Konfabulation erübrigt sich aber völlig, wenn es sich um falsche Erinnerungen handelt, die von BCIs implantiert werden. Verblüffenderweise hat der Science-Fiction-Autor Philip K. Dick bereits 1968 (fünf Jahre vor Jacques Vidals „BMI-Herausforderung") in seiner Kurzgeschichte „We Can Remember It For You Wholesale" (zweimal verfilmt unter dem Titel „Total Recall" (1990, 2012)) die Problematik unterdrückter und implantierter Erinnerungen vorweggenommen. Eine der dringendsten Herausforderungen einer BCI-dominierten Zukunft könnte also die Unterscheidung zwischen implantierten und echten Erinnerungen sein. Nachgewiesene Authentizität könnte sich zu einem zentralen Wert entwickeln, der die Menschen wie eine alte Legende inspiriert. Sie wäre jedoch sehr schwer zu verifizieren.

Philosophische Fragen zur Verwendung von BCI | BMI: aktiver Externalismus

Innenwelten sind per definitionem subjektiv, und das entscheidende Problem bei Gehirn-Computer-Schnittstellen ist, ob die Erste-Person-Perspektive jemals auf allen Ebenen ihrer Subjektivität zugänglich wird. Einen Ausweg aus diesem Rätsel könnte das Konzept der erweiterten Kognition bieten. Im Rahmen des Konzepts des aktiven Externalismus können epistemische Artefakte, wie sie in Teleskopen, Mikroskopen, Stift und Papier und anderen technischen Geräten realisiert sind, (unter den entsprechenden Bedingungen) als konstitutive Teile des eigenen kognitiven Systems gelten. (vgl. Peters, 2021) Mit anderen Worten: Solche epistemischen Artefakte können gelegentlich als buchstäbliche Erweiterung der kognitiven Prozesse gelten, von denen man annimmt, dass sie unseren Verstand ausmachen – jenseits unseres Gehirns. (vgl. ebd.) In dieser Sichtweise würde Technologie zu echten Prothesen des Verstandes aufsteigen, und diese Artefakte würden auf nahtlose Weise in den Verstand des Benutzers integriert werden. So gewagt dies auch klingen mag, es wäre nichts anderes als ein Analogon zu den technologischen Geräten, die in das Körperbild eines Individuums integriert sind, wie in der Einleitung ausgeführt. In diesem Sinne würde ein Mikroskop für den Geist eines Weltklasse-Wissenschaftlers etwas sehr Ähnliches bedeuten wie ein Basketball für einen Weltklasse-Basketballspieler.

Der aktive Externalismus ist die extreme Konsequenz des Ansatzes der verkörperten Kognition. (Peter, 2021) In den neunziger Jahren stellten mehrere Kognitionswissenschaftler und Philosophen des Geistes (Varela et al. 1991; Clark 1997) sowie Robotiker (Brooks 1991a, 1991b) fest, dass

Kognition in dem Sinne verkörpert ist, dass Aspekte des Körpers des Akteurs, die über das Gehirn hinausgehen, eine physisch konstitutive Rolle bei der kognitiven Verarbeitung spielen (d. h., buchstäblich gesprochen, sind unsere Körper in Bezug auf verschiedene kognitive Operationen Teile unseres Geistes). Insbesondere bei jenen Aspekten des Geistes eines Agenten, bei denen Gehirn und Körper stark voneinander abhängig sind, sollten wir letzteren als konstitutives Element des gesamten kognitiven Systems des Agenten betrachten. (siehe Carter / Palermos, 2016, S. 544) Und auch dieses konstitutive Element kann durch Technologie geformt und verändert werden. Zum Beispiel bietet die virtuelle Realität eine Vielzahl von verschiedenen Formen der Verkörperung. So könnte man in einem Avatarkörper verkörpert sein, der genauso aussieht wie der eigene physische Körper. Man könnte aber auch in einem Avatar mit einer anderen Größe, einem anderen Alter, einer anderen Hautfarbe oder sogar einem anderen Geschlecht digital inkarniert sein. Beim sogenannten Body Swapping tauschen zwei oder mehr Individuen ihre Perspektive. Dies ist eine der einfachsten Anwendungen der VR-Technologie. In all diesen Fällen bleibt der Einblick in die illusorische Natur des erlebten körperlichen Zustands erhalten; gleichwohl sind die Erfahrungen des Körpertauschs sehr immersiv, da sich das Gehirn gegen die vermeintliche Eindeutigkeit der visuellen Signale nicht wehren kann und somit die Illusion generiert. Traditionelle Paradigmen der experimentellen Psychologie können diese starken Illusionen nicht hervorrufen. In ähnlicher Weise kann das Ansehen eines Films oder das Spielen eines nicht-immersiven Videospiels nicht die starke Illusion erzeugen, einen Körper zu besitzen und zu kontrollieren, der nicht der eigene ist. (Metzinger, Madary, S. 3) Mit anderen Worten: Obwohl der Körper und die Verkörperung, die mit dem „Besitz" eines Körpers einhergeht, wesentlich sind, sind sie auch subjektiv, abhängig von der Erste-Person-Perspektive und sehr anfällig für Manipulationen und fabrizierte Illusionen.

Gehirn-Computer-Schnittstellen haben das Potenzial, uns aus dem Kaninchenbau unserer kognitiven Architektur herauszuführen, aber sie könnten uns auch noch tiefer hineintreiben. Die entscheidende Frage bleibt hier: Können wir Qualia mit objektiven Mitteln analysieren und betrachten, sobald Elemente der Ersten-Person-Perspektive aus der grauen Substanz im Schädel extrahiert und auf Geräte projiziert worden sind, die eine Art von erweiterter Wahrnehmung ermöglichen? Theoretisch wäre die Antwort „ja". In der Praxis muss sichergestellt werden, keine Form der Komplexitätsreduzierung zu begehen und nach Wegen zu suchen, sicherzustellen, dass die innere Wahrnehmung des Individuums korrekt „verobjektiviert" wurde. In der Tat gibt es vielversprechende Entwicklungen, die die Machbarkeit eines solchen korrekten Lesens von mentalen Zuständen zu bestätigen scheinen. Doch ist dies wirklich „Gedankenlesen" im wörtlichen Sinne? Können wir uns Zugang zu den zerebralen Prozessen verschaffen und Gedanken transparent und entschlüsselbar machen, oder handelt es sich dabei immer noch um eine Verlagerung des Qualia-Problems, das so eng mit der Ersten-Person-Perspektive verbunden ist? Zunächst einmal ist auch hier weiterhin völlig unklar, ob es sich nicht, wie in Kapitel 3 dargelegt, tatsächlich um a priori unbeantwortbare Fragen handelt. Qualia erscheinen von Natur aus ungreifbar und schwierig bis unmöglich zu repräsentieren, wie diese beinahe hundert Jahre alte Passage nahelegt:

> „Qualia sind subjektiv; sie haben im gewöhnlichen Sprachgebrauch keine Namen, sondern werden durch Umschreibungen wie ‚sieht aus wie' angegeben; sie sind unaussprechlich, da sie in zwei Köpfen unterschiedlich sein können, ohne dass es eine Möglichkeit gibt, diese Tatsache zu entdecken, und ohne dass unser Wissen über Objekte oder ihre Eigenschaften dadurch beeinträchtigt wird. Alles, was getan werden kann, um ein Quale zu bezeichnen, ist sozusagen, es in der Erfahrung zu verorten, d.h. die Bedingungen seiner Wiederkehr oder andere Beziehungen zu ihm zu bezeichnen. [...] Was für das Verstehen und die Kommunikation wesentlich ist, ist nicht die Quale als solche, sondern das Muster ihrer stabilen Beziehungen in der Erfahrung, das implizit vorausgesetzt wird, wenn sie als Zeichen einer objektiven Eigenschaft genommen wird." (C. I. Lewis, 1929, S. 124 ff.)

Gehirn-Computer-Schnittstellen ermöglichen es den Nutzern mittlerweile, Texte nur mit Gedanken zu schreiben. Willett et al. haben ein Schnittstellensystem entwickelt, mit dessen Hilfe es einer gelähmten Person ermöglicht wird, zu tippen, indem sie die neuronale Aktivität, die bei imaginären Schreibversuchen entsteht, in Text auf dem Computerbildschirm umsetzt.

Vereinfacht gesagt, messen in das Gehirn implantierte Elektroden die neuronale Aktivität, während sich der Benutzer vorstellt, jeden einzelnen Buchstaben zu schreiben (die Linien zeigen die Zeitpunkte an, zu denen jedes Neuron feuert). (Willett et al., 2021, Nature 593, 249-254) Ein Deep-Learning-Modell, ein sogenanntes rekurrentes neuronales Netzwerk (RNN), lernt die neuronalen Aktivitätsmuster, die bei jedem Buchstaben entstehen, und analysiert, wie diese Aktivitätsmuster über mehrere Versuche hinweg zusammenhängen, indem es Cluster-Plots erstellt. Diese Informationen werden von einem Algorithmus verwendet, um die Buchstaben vorherzusagen, die sich der Teilnehmer im aktuellen Versuch vorstellt, und die Vorhersage wird in eine typografische Ausgabe übersetzt. (Willett et al., 2021, Nature 593, 249-254) Um eine genaue Klassifizierung in einem so hochdimensionalen Raum zu erreichen, verwendete der Klassifizierungsalgorithmus von Willett und Kollegen aktuelle Methoden des maschinellen Lernens sowie eine Art künstliches neuronales Netz, das so genannte rekurrente neuronale Netz (RNN), das besonders gut für die Vorhersage sequenzieller Daten geeignet ist. (ebd.) Dank dieser Methoden lieferte der Algorithmus von Willett und Kollegen eine beeindruckend genaue Klassifizierung und wählte in 94,1 % der Fälle das richtige Zeichen aus. Durch die Einbeziehung von prädiktiven Sprachmodellen (ähnlich denen, die die Autokorrekturfunktionen auf einem Smartphone steuern) konnten sie die Genauigkeit weiter auf 99,1 % verbessern. (ebd.)

Die hier beschriebene Schnittstelle scheint tatsächlich Gedankenlesen zu beherrschen, und zwar auf sehr beeindruckende Weise, denn 26 Zeichen und alle üblichen grammatikalischen Zeichen werden durch das Auslesen des imaginären Akts der Handschrift korrekt erkannt. Dennoch ist die Imagination der Handschrift ein rein motorisches Muster. In dieser Hinsicht lautet die grundlegende philosophische Frage, die hier gestellt wird: Wird eine Gehirn-Computer-Schnittstelle jemals in der Lage sein, unsere Stimmungen, Gefühle und Emotionen korrekt zu erfassen, ohne dass wir uns auf einen Kommunikationsakt einlassen müssen? Mit anderen Worten: Das Qualia-Problem wirft die alte Frage, ob es sich hierbei um ein lösbares oder ein a priori unlösbares Problem handelt, erneut auf. Der Funktionalismus scheint hier nicht zu einer klaren und prägnanten Lösung beizutragen, denn er gilt als

„... die Lehre, dass das, was etwas zu einem mentalen Zustand eines bestimmten Typs macht, nicht von seiner inneren Beschaffenheit abhängt, sondern vielmehr von der Art und Weise, wie es funktioniert oder welche Rolle es in dem System spielt, dessen Teil es ist. Der Funktionalismus bestreitet also, dass das Wesen eines psychischen Zustands mit einer bestimmten materiellen Grundlage identifiziert werden kann." (Carter/Palermos, 2016, S. 544)

Ein mentaler Zustand kann durch jedes beliebige Material realisiert werden, „solange die betrachtete Basis die Art von Funktion hervorruft, mit der der angestrebte mentale Zustand identifiziert wird." (vgl. Carter/Palermos, 2016, S. 544) Diese Perspektive öffnet den Blick für ein substratunabhängiges Menschenbild, in dem auch Cyborgs und Uploads inkludiert sind.

Doch trotz der festen Vorstellung von mentalen Zuständen, die im Geist auftreten und somit territorial an das Gehirn gebunden sind, argumentiert eine wachsende Gruppe von Philosophen, Kognition könne nicht nur beobachtet werden, sondern auch (zumindest teilweise) von außerhalb des Gehirns realisiert werden. Erweiterte Kognition kann nämlich durch alles Mögliche realisiert werden, von einem Notizbuch bis hin zu den Datenströmen, die von unserem Online-Suchverhalten zurückgelassen werden. Clark und Chalmers beschrieben diese Idee bereits 1998 als Hypothese der erweiterten Kognition (HEC):

„Wir befürworten eine ganz andere Art von Externalismus: einen aktiven Externalismus, der auf der aktiven Rolle der Umwelt bei der Steuerung kognitiver Prozesse beruht. [...] Betrachten wir drei Fälle menschlichen Problemlösens: (1) Eine Person sitzt vor einem Computerbildschirm, auf dem verschiedene zweidimensionale geometrische Formen abgebildet sind, und soll Fragen beantworten, die sich auf die mögliche Passung dieser Formen in den abgebildeten ‚Fassungen' beziehen. Um die Passung zu beurteilen, muss die Person die Formen gedanklich drehen, um sie auf die Fassungen auszurichten. (2) Eine Person sitzt vor einem ähnlichen Computerbildschirm, hat aber diesmal die Wahl, das Bild auf dem Bildschirm entweder physisch zu drehen, indem sie einen Drehknopf drückt, oder das Bild wie zuvor gedanklich zu drehen. Es ist auch nicht unrealistisch anzunehmen, dass die physische Drehung einen gewissen

Geschwindigkeitsvorteil bringt. (3) Irgendwann in der Cyberpunk-Zukunft sitzt eine Person vor einem ähnlichen Computerbildschirm. Dieser Agent hat jedoch den Vorteil eines neuronalen Implantats, das die Rotationsoperation genauso schnell ausführen kann wie der Computer im vorherigen Beispiel. Der Agent muss sich immer noch entscheiden, welche interne Ressource er nutzen will (das Implantat oder die gute alte mentale Drehung), da jede Ressource unterschiedliche Anforderungen an die Aufmerksamkeit und andere gleichzeitige Gehirnaktivitäten stellt. Wie viel Kognition ist in diesen Fällen vorhanden? Wir vermuten, dass alle drei Fälle ähnlich sind." (Clark/Chalmers, 1998, S. 1)

Andererseits scheint die Trennung in Werkzeug/Gerät und Gehirn/Person zu verschwimmen, zumindest in den Fällen, in denen das Werkzeug so nahtlos in den Körper und in der Folge auch in das Körperbild des Menschen integriert ist, dass das Individuum ohne dieses Gerät eine Art Identitätsverlust erleiden würde. Der mit der Technik verschmolzene und verflochtene Mensch ist in solchen Fällen zu einem permanenten Hybriden geworden, oder, anders gesagt, zu einem Cyborg. Ein aktuelles Beispiel ist Neil Harbisson, ein britischer Künstler und Cyborg-Aktivist, der mit Achromatopsie geboren wurde, einer Krankheit, die ihn nur monochrom sehen lässt. Obwohl er mit dieser Krankheit geboren wurde, sind Farben für ihn nicht mehr unerkennbar. Seit 10 Jahren kann Harbisson dank seines „Eyeborgs", eines Geräts, das in seinen Schädel, genauer gesagt in sein Hinterhauptbein, eingepflanzt ist und sichtbare Farben in Schallwellen umwandelt, Farben hören. Er hat jetzt eine Lieblingsfarbe: Aubergine. (siehe Carter/Palermos, 2016, S. 553) Dies ist in vielerlei Hinsicht ein faszinierender Fall. Erstens handelt es sich um eine Art invasives Gehirngerät, das ethisch völlig unbedenklich ist. Zweitens schafft es mit technischen Mitteln eine Form von Synästhesie, da das Gerät Farben in Töne übersetzt und die Versuchsperson Farben „hören" lässt, was Harbisson in die Lage versetzt, sie zu unterscheiden und eine emotionale Verbindung zu einer zuvor unzugänglichen Sphäre aufzubauen.

Interessanterweise konnte Harbisson 2004 nach einigen Monaten anfänglicher Schwierigkeiten die britische Passbehörde davon überzeugen, den Eyeborg in seinen Pass aufzunehmen. Die Passbehörde bestand zunächst darauf, dass er ihn für das offizielle Foto abnehmen müsse, so wie man auch ein elektronisches Gerät oder einen Hut abnehmen muss. Harbisson argumentierte jedoch damit, dass der Eyeborg ein Teil seines Körpers sei und nicht etwas Zusätzliches –- ein Argument, das von seinem Arzt und anderen Personen in ihren Briefen an die Passbehörde unterstützt wurde (Miah/Rich, 2008). Harbisson vertrat die Ansicht, dass „er zum Cyborg wurde, als die Verbindung zwischen seinem Organismus und seiner Antenne einen neuen Sinn ergab“ (Serra 2011). Die weitere rechtliche Situation für Harbisson war jedoch komplizierter. Im Jahr 2012 näherte sich die Polizei Harbisson bei einer Demonstration (in dem Glauben, dass er seinen Eyeborg benutzte, um sie zu filmen) und versuchte dabei, ihm das Gerät vom Kopf zu ziehen. (vgl. Carter/Palermos, 2016, S. 553) Nehmen wir nun an, dass Neils Eyeborg dabei beschädigt wurde und dadurch sein auditives Farbspektrum auf verwirrende Weise invertiert worden ist. (ebd.) Nehmen wir außerdem an, dass bei dem Handgemenge nur das Eyeborg-Gerät beschädigt wurde und Harbissons biologischer Körper völlig unversehrt blieb. Sollten wir vor diesem Hintergrund davon ausgehen, dass Harbisson persönlich angegriffen wurde, oder sollte die Umkehrung seines Farbspektrums durch die absichtliche Beschädigung des Eyeborgs als Sachbeschädigung verstanden werden? (ebd.)

Es scheint offensichtlich, uns hier einem Paradigmenwechsel zu nähern, da Harbissons Individualität und insbesondere seine Qualia nach dem beschriebenen Eingriff nicht mehr dieselben wären. Allerdings muss der Paradigmenwechsel auch rechtliche Anpassungen beinhalten, wie die Tatsache, dass der Eyeborg in Harbissons Pass integriert wurde, nahelegt. Es sollte eine Art Checkliste ausgearbeitet werden, die die folgenden Punkte umfasst:

- Ist das Gerät dauerhaft in den Körper integriert und nicht nur ein Wearable?
- Ist das Gerät in das Körperbild der Person integriert?
- Kann das Gerät nicht zerstört werden, ohne die Person schwerwiegend zu verändern?

Wenn alle diese Fragen mit „Ja“ beantwortet werden, sollte das Gerät als Teil des Körpers der Person betrachtet und rechtlich behandelt werden, dem das Recht der Person auf Unversehrtheit zusteht.

Ethische Dilemmasituationen

Das Aufkommen von Gehirn-Computer-Schnittstellen wird eine breite Palette von nützlichen Anwendungen mit sich bringen, die zweifellos wünschenswert und von großem humanistischem Wert sind. Angefangen bei den Kommunikationsmöglichkeiten für Patienten, die im Wachkoma liegen, über die Möglichkeit, Gelähmte wieder zum Gehen zu bringen (mit oder ohne Hilfe eines Exoskeletts) bis hin zu eher futuristisch klingenden Szenarien menschlicher Köpfe, die sich mit dem enormen Wissen vollwertiger KI-Systeme vermischen, ist das Spektrum möglicher positiver Anwendungen schon jetzt reichhaltig und vielseitig. Dennoch sind die denkbaren Nebenwirkungen nicht zu vernachlässigen. Es braucht nicht erst einen tödlichen Unfall, einen Fall von vorsätzlichem Missbrauch oder einen veritablen Terrorakt, um unerwünschte Folgen von BCIs auszulösen. Gehirn-Computer-Schnittstellen versprechen innovative Lösungen für Gelähmte, Komatöse und Psychotiker. Der springende Punkt ist jedoch immer die Frage nach der Zustimmung des Patienten. Alle drei Gruppen haben Probleme, ihre Ich-Perspektive mitzuteilen oder können sich darüber nicht äußern. Daher ist es ein entscheidendes Problem, eine rechtlich und ethisch einwandfreie Zustimmung zu einem bestimmten Verfahren zu erhalten.

Bei unaufgeforderten therapeutischen Eingriffen, z. B. wenn die Versuchsperson nicht vollständig verstanden hat, zu welchem Verfahren sie ihre Zustimmung gegeben hat, könnte die Therapie die Person in unerwünschter und irreversibler Weise verändern. Die Dilemma-Situation ergibt sich aus dem Konflikt zwischen objektiven und subjektiven Realitäten: Während objektiv ein Problem, zum Beispiel ein selbstgefährdendes, pathologisches Verhalten, für immer unterdrückt wird, kann dies für die subjektive Erste-Person-Perspektive den Verlust eines Bewältigungsmechanismus bedeuten, der das Leben erleichtert hat. Mit anderen Worten: Eine objektiv vorteilhafte Intervention kann zu subjektiv nachteiligen Wahrnehmungen führen. Was ist die ethisch richtige Entscheidung – die Persönlichkeit gegen ihren Willen zu verändern und dem Individuum und in der Folge auch der Gesellschaft objektiv zu helfen, oder die Schwächen der Persönlichkeit beizubehalten und damit auch eine mögliche Gefahr für das Individuum und/oder die Gesellschaft aufrechtzuerhalten?

5. Die Zukunft antizipieren

„Voraussicht kennzeichnet die Fähigkeit, durch die scheinbare Verwirrung hindurchzusehen, Entwicklungen zu erkennen, bevor sie zu Trends werden, Muster zu erkennen, bevor sie sich voll entfalten, und die relevanten Merkmale gesellschaftlicher Strömungen zu erfassen, die die Richtung künftiger Ereignisse prägen werden."

Rohrbeck et al. (2015)

Die Zukunft vorhersehen zu können, ist zweifellos eine machtvolle Fähigkeit, vielleicht die mächtigste, die man sich vorstellen kann. Doch trivialerweise ist jede Vorhersage über die Zukunft aus der Gegenwart heraus unmöglich zu beweisen; nur die Zeit kann zeigen, ob die Prophezeiung richtig oder falsch war. In der griechischen Mythologie wurde der Seher Tiresias von den Göttern geblendet, um ihn daran zu hindern, die Zukunft vorherzusagen und ihre Geheimnisse zu verraten. Moderne „Propheten" wie Ray Kurzweil haben nicht nur zahlreiche Innovationen und Umwälzungen vorausgesagt, sondern auch das genaue Jahr ihrer Umsetzung mit erstaunlicher Präzision. Kurzweils beinahe unheimlichen Fähigkeiten, die Zukunft vorauszusehen, haben allerdings eine ganz profane Erklärung: Da er jahrzehntelang ein begeisterter Erfinder war, war Kurzweil selbst recht erfahren in der Umgestaltung der Welt, was ihn zu einer Art Experten für zukünftige Entwicklungen machte. Dies beschreibt, was die modernen Seher von der Durchschnittsbevölkerung unterscheidet – diese Menschen sind oft selbst Innovatoren, leben in einem Milieu von Futuristen und haben Zugang zu Informationen über aktuelle und zukünftige Entwicklungen, die anderen fehlen.

Der Kanon der BCI-Themen in der Science-Fiction ist breit und tief genug, um ein eigenes Subgenre zu bilden, und die große Relevanz für das Thema dieses Buches liegt in dem riesigen Spektrum an Gefahren und Herausforderungen, über die die SciFi-Autoren nachgedacht haben, die dieses eklektische und visionäre Gesamtwerk geschaffen haben. Es erscheint fruchtbar, diese Geschichten, Filme und Serien nicht nur als unterhaltsame Visionen, sondern als warnende Erzählungen über mögliche Zukunftswelten zu betrachten. Im kollektiven Unterbewusstsein schwingt also viel darüber mit, was bei der Nutzung von Gehirn-Computer-Schnittstellen schief gehen könnte, und wir können nicht so tun, als hätten wir noch nie von Herausforderungen oder Problemen gehört, die sich aus diesen Technologien ergeben könnten.

„Gehirn-zu-Gehirn"-Schnittstellen

Während BCIs Brücken zwischen Protein und Silizium bauen, wäre der nächste logische Schritt, zwei (oder mehr) Gehirne direkt miteinander zu verbinden und so Brücken zwischen Proteinen und Proteinen zu schaffen. Mit dem Aufkommen von Gehirn-Hirn-Schnittstellen würde die Menschheit die in Kapitel 2 und 4 beschriebene Kommunikationslücke überwinden. Die menschlichen Gehirne würden keine physisch getrennten Einheiten bleiben, die nur auf indirekte Weise und unter Rückgriff auf die undurchsichtigen Mittel der verbalen Kommunikation interagieren können. Stattdessen würden zeitweise miteinander verbundene Gehirne in die Lage versetzt, sich gegenseitig Zugang zu zuvor ausgewählten Gehirninhalten zu gewähren, und die durch solche Schnittstellen erreichte Immersion könnte nicht nur Gedanken und Ideen, sondern auch Qualia, Erinnerungen, Empfindungen und Emotionen direkt erfahrbar machen.

Diese nahtlose Verflechtung hat natürlich ihren Preis. Die möglichen unerwünschten Folgen reichen von Depersonalisierungseffekten bis hin zur völligen Dissoziation des Selbst(modells). Mit einem augenzwinkernden Blick auf die Populärkultur beschreibt Nicolelis die Verschmelzung zweier Gehirne: „Es ist keine Telepathie. Es sind nicht die Borgs. Aber wir haben ein neues zentrales Nervensystem geschaffen, das aus zwei Gehirnen besteht". (Nicolelis, 2011. S. 121) Eine Gehirn-zu-Gehirn-Schnittstelle ist ein direkter Kommunikationsweg zwischen dem Gehirn eines Tieres und dem Gehirn eines anderen Tieres. Gehirn-zu-Gehirn-Schnittstellen wurden verwendet, um Ratten zu helfen, miteinander zu kooperieren. Wenn eine zweite Ratte nicht in der Lage war, den richtigen Hebel zu wählen, bemerkte dies die erste Ratte (die keine zweite Belohnung erhielt) und löste eine Runde aufgabenbezogener Neuronenfeuerung aus, die die Wahrscheinlichkeit erhöhte, dass die zweite Ratte den richtigen Hebel wählte. (Armstrong/Ma, 2013) 2013 gelang es Rajesh Rao, mit Hilfe elektrischer Gehirnaufzeichnungen und einer Form der magnetischen Stimulation ein Gehirnsignal an Andrea Stocco auf der anderen Seite des Campus der University of Washington zu senden. (vgl. ebd.) 2015 verknüpften Forscher mehrere Gehirne von Affen und Ratten zu einem „organischen Computer“. (ebd.)

Ein Brain-to-Brain-Interface (BTBI) ermöglichte eine Echtzeit-Übertragung von verhaltensrelevanten sensomotorischen Informationen zwischen den Gehirnen zweier Ratten. Bei diesem BTBI führte eine „Encoder“-Ratte sensomotorische Aufgaben aus, bei denen sie zwischen zwei taktilen oder visuellen Reizen wählen musste. Während die „Encoder“-Ratte die Aufgabe ausführte, wurden Proben ihrer kortikalen Aktivität mittels intrakortikaler Mikrostimulation (ICMS) an entsprechende kortikale Bereiche einer „Decoder“-Ratte übertragen. (Armstrong/Ma, 2013) Die Decoder-Ratte lernte, ähnliche Verhaltensentscheidungen zu treffen, die allein durch die vom Gehirn der Encoder-Ratte gelieferten Informationen gesteuert wurden. Diese Ergebnisse zeigten, dass durch die Kopplung der Gehirne der Tiere ein komplexes System gebildet wurde, was darauf hindeutet, dass BTBIs Dyaden oder Netzwerke von Tiergehirnen in die Lage versetzen können, Informationen auszutauschen, zu verarbeiten und zu speichern, und somit als Grundlage für Studien über neuartige Arten sozialer Interaktion und für biologische Computergeräte dienen können. (ebd.)

Aber das Konzept der Gehirn-zu-Gehirn-Schnittstellen schließt auch menschliche Gehirne nicht aus, obwohl der Entwicklungsstand relativ neu ist. Forscher der University of Washington haben die ihrer Meinung nach erste nicht-invasive Schnittstelle zwischen menschlichen Gehirnen hergestellt, wobei ein Forscher ein Gehirnsignal über das Internet senden konnte, um die Handbewegungen eines anderen Forschers zu steuern. Mithilfe elektrischer Gehirnaufzeichnungen und einer Form der magnetischen Stimulation sendete Rajesh Rao ein Gehirnsignal an Andrea Stocco auf der anderen Seite des UW-Campus, das Stoccos Finger veranlasste, sich auf einer Tastatur zu bewegen.

Während Forscher an der Duke University (unter der Leitung von Prof. Miguel Nicolelis) die Kommunikation von Gehirn zu Gehirn zwischen zwei Ratten und Harvard-Forscher die Kommunikation zwischen einem Menschen und einer Ratte nachgewiesen haben, glauben Rao und Stocco, dass dies die erste Demonstration einer Gehirnschnittstelle von Mensch zu

Mensch ist. (Armstrong/Ma, 2013) Mit dieser nahtlosen Vernetzung legen die Forscher den Grundstein für das, was im folgenden Kapitel als „IoB“, als „Internet der Gehirne“, vorgestellt wird.

IoB - Internet of Brains

Analog zum „Internet der Dinge“ („Internet of Things“; IoT), bei dem physische Geräte über das Internet miteinander verbunden sind und in einen Kreislauf ständiger Kommunikation und Rückkopplungsschleifen eintreten, können wir uns jetzt ein „Internet der Gehirne“ („Internet of Brains“; IoB) vorstellen. In diesem verblüffenden Konzept stellt die Prämisse der Gehirn-zu-Gehirn-Schnittstellen (BTBIs) einen biologischen Computer dar – ein Netzwerk von Gehirnen – mit Recheneinheiten, die aus Säugetiergehirnen bestehen. Diese miteinander verbundenen Gehirne würden wie ein proteinbasiertes Internet funktionieren – *ein Internet der Gehirne.* Eine solche Innovation würde das alte Sprichwort umkehren, dass es nur wenig gibt, was Silizium nicht kann, aber Protein kann. Ein Internet der Gehirne würde eine starke Antithese zu diesem geflügelten Wort darstellen, indem es unterstreicht, dass es nur wenig gibt, was Silizium kann, aber Protein nicht.

Und so weit hergeholt dieses Konzept auch klingen mag, es gibt bereits eine umfassende Reihe von Arbeiten, die die prinzipielle Machbarkeit der Idee zeigen, indem sie eine Verbindung zwischen den Gehirnen von Säugetieren, nämlich den Gehirnen von Ratten, wie von dem Forscher Andrea Stocco et al. und den Gehirnen von Affen, wie von Miguel Nicolelis et al. demonstriert, herstellen. All dies wurde in den frühen 2010er Jahren erreicht, was zeigt, dass der eigentliche konzeptionelle Durchbruch bereits erreicht ist. Weitere Experimente zeigten auch, dass die Verbindung zwischen biologischen Gehirnen nicht auf Tiere beschränkt ist, sondern auch in menschlichen Gehirnen möglich ist. Einem Forscherteam der Wits University in Johannesburg, Südafrika, ist ein wichtiger Durchbruch auf dem Gebiet der Biomedizintechnik gelungen. Laut einer in Medical Express veröffentlichten Mitteilung haben die Forscher zum ersten Mal einen Weg gefunden, das menschliche Gehirn in Echtzeit mit dem Internet zu verbinden. Das „Brainternet“-Projekt macht das Gehirn im Wesentlichen zu einem „Internet der Dinge (IoT) Knotenpunkt im World Wide Web“.

Das Projekt funktioniert, indem es die EEG-Signale der Gehirnwellen aufnimmt, die von einem Emotiv-EEG-Gerät erfasst werden, das am Kopf des Benutzers angeschlossen ist. Die Signale werden dann an einen Computer übertragen, der die Daten live an eine Anwendungsprogrammierschnittstelle sendet und die Daten auf einer offenen Website anzeigt, auf der jeder die Aktivitäten einsehen kann. Brainternet soll das Verständnis des eigenen Gehirns und der Gehirne anderer Menschen vereinfachen. Dies geschieht durch die kontinuierliche Überwachung der Gehirnaktivität und durch die Ermöglichung einer gewissen Interaktivität.

Die Anwendungsmöglichkeiten scheinen fast grenzenlos zu sein. Die Überwindung der Kommunikationslücke und aller damit verbundenen Probleme wäre nur der erste Schritt. Besonders faszinierend ist die Vision, eine Vielzahl von mehr als zwei Gehirnen zu verbinden, um ein Internet der Gehirne zu schaffen. Hier werden die Möglichkeiten in der Tat überwältigend, denn ein solches „IoB" könnte nicht nur Gedanken und Ideen durch eine Art Weltgehirn fließen lassen, es könnte sogar zu einem politischen Instrument werden und die Macht dezentralisieren, indem es sie über dieses Internet der Gehirne verteilt. Das undurchsichtige und fast mythische kollektive Unterbewusstsein würde aus den Tiefen des Unbekannten (und Unwissbaren) aufsteigen und sich in ein kollektives Bewusstsein verwandeln, das sich jeder Hirnaktivität rund um den Globus bewusst wäre. Die Sprache wäre keine Grenze mehr, da reine Gedanken, Ideen und Konzepte nicht in einer bestimmten Sprache aufgebaut sind, und der direkte Zugang zum Gehirn würde ein nahtloses und standardfreies gegenseitiges Verständnis garantieren. Doch so gigantisch die Optionen und Möglichkeiten sind, so tiefgreifend sind die ethischen Fragen, die sich daraus ergeben könnten und über die man nachdenken muss:

- Was geschieht mit der Privatsphäre innerhalb eines solchen „IoB"?
- Wie wird sich ein solches Netzwerk auf die persönliche Freiheit auswirken?
- Was bleibt von Intimität, Individualität und dem Konzept des Urheberrechts in einer solchen vernetzten Welt übrig?
- Was passiert, wenn vernetzte Gehirne mit einem Virus verseucht oder von einem Cyber-Terroristen gehackt werden? Wie kann sich

der Einzelne sicher aus dem „IoB“ abmelden, insbesondere wenn er eine permanente, invasive Schnittstelle verwendet?

- Und schließlich – im Falle des Ablebens eines „Mitgliedsgehirns“ der „IoB“ – was würde mit den Inhalten des verstorbenen Gehirns geschehen?
- Sollen diese Inhalte automatisch in den kollektiven Geist aufgenommen werden, den Hinterbliebenen übermittelt werden, damit sie entscheiden können, was mit den Daten geschehen soll, oder sollen sie dauerhaft gelöscht werden, wenn es keinen „letzten Willen“ gibt?

Laut Stocco könnte die Technologie in einigen Jahren zum Beispiel von einer Person am Boden eingesetzt werden, um einem Flugbegleiter oder Passagier bei der Landung eines Flugzeugs zu helfen, wenn der Pilot ausfällt. Oder ein behinderter Mensch könnte seine Wünsche mitteilen, z. B. nach Nahrung oder Wasser. Die Gehirnsignale von einer Person zur anderen würden auch dann funktionieren, wenn sie nicht dieselbe Sprache sprechen. Als nächstes planen Rao und Stocco ein Experiment, bei dem komplexere Informationen von einem Gehirn zum anderen übertragen werden sollen. Wenn das funktioniert, werden sie das Experiment mit einer größeren Anzahl von Probanden durchführen.

Die ultimative Verflechtung

Äonen lang leisteten die Schädel, die unsere Gehirne umschlossen, bemerkenswert gute Arbeit, um unsere kognitiven Architekturen voneinander zu trennen. Von Anfang an hatte die Menschheit mit doppelter Kontingenz zu kämpfen, denn zwei Gehirne sind immer zwei Black Boxes füreinander. Empathie und Mitgefühl – die frühesten und natürlichsten Anwendungen dessen, was wir heute „Gedankenlesen“ nennen – konnten uns nur zu Interpretationen und Einschätzungen führen. Ohne Formen der verbalen Kommunikation könnten wir nur erahnen, was in den grauen Zellen eines anderen Sapiens vor sich geht, und selbst mit allen Vorteilen moderner technologiegestützter Kommunikationsmittel können wir nicht wirklich sagen, ob uns echte Einblicke in die Innenwelt des anderen gewährt werden oder ob es sich dabei nur um eine manipulative, konstruierte Illusion handelt.

Dieses Kommunikationsdilemma könnte sich mit dem Aufkommen von BCIs, noch mehr jedoch mit dem möglichen Aufkommen von Gehirn-zu-Gehirn-Schnittstellen wesentlich ändern. Wie wir gesehen haben, könnten nahtlos verbundene Gehirneinheiten Informationen, Daten und Ideen von einem Gehirn zum anderen austauschen, Inhalte gemeinsam nutzen und sogar in die inneren Welten des Gehirns eines anderen Menschen eintauchen, und das alles, ohne dass die Kluft zwischen zwei verschiedenen Gehirnen durch Kommunikation überbrückt werden müsste. Ideen könnten direkt übertragen werden, das Übersetzungsproblem würde von vornherein übersprungen.

Virtuelle Realitäten und Selbst-Modelle als Upload

Eine besondere Technologie, die viele BCI-vermittelte Anwendungen unterstützen und fördern wird, ist zweifelsohne die Technologie der virtuellen Realität. Insbesondere die kommende, hochgradig immersive VR wird diese Technologie zu einer buchstäblich verändernden Erfahrung machen, sowohl für die Konzeption des Geistes als auch für die Konzeption des Körpers bzw. der Verkörperung. Der Philosoph Thomas Metzinger schließt das Projekt der „Whole Brain Emulation" (WBE) oder des „Mind Uploads" nicht aus dem breiten Spektrum der Möglichkeiten an der Schnittstelle von BMI, VR und menschlichem Geist aus. Metzinger ist sich jedoch sicher, dass das Ergebnis eines solchen Uploads immer eine reduzierte Form des ursprünglichen Geistes sein wird, da dieser Geist so eng mit seiner Verkörperung verbunden ist. Daher meint der Philosoph, dass wir uns vielleicht zu veränderten Formen des Selbst entwickeln und diese zur Augmentation nutzen könnten. (vgl. Metzinger, Madary) Andererseits glaubt er, dass die ganze Idee, tatsächlich aus dem biologischen Gehirn in die virtuelle Realität zu „springen", wahrscheinlich unüberwindbare technische Probleme hat. (vgl. ebd.) Ein philosophisches Problem wird durch einen solchen Versuch des Gedankentransfers heraufbeschworen, denn es stellt sich einfach die Frage, was in die Avatare hinüberspringen würde, wenn es kein Selbst gibt?

Diese Frage führt unweigerlich zu einer Kaskade von weiteren Fragen und Problemen: Wie kann das digitale Jenseits wirklich „dir" ähneln, wenn das „Du" nur aus einem phänomenalen Selbstmodell besteht, das so stark von der bloßen Existenz des physischen Körpers und der Verkörperung in ihm abhängt? Würde sogar ein digitaler Klon, wie der berüchtigte „Dad Bot", der aus allen verfügbaren Daten des verstorbenen Vaters erstellt wurde, eine genauere und damit wertvollere Version des verschwundenen Besitzers des phänomenalen Selbstmodells werden, als es eine Emulation je sein könnte? Zumindest trägt der „Dad Bot" nicht die schwere Last, seinen eigenen Ansprüchen nicht gerecht zu werden; er hat nie behauptet, ein Bewusstsein zu haben, ein Selbst zu enthalten oder auch nur ein Fragment zu sein. Vielmehr ist ein solcher Bot eine Art digitales Souvenir, das die Trauerarbeit unterstützen und den Hinterbliebenen dabei helfen soll, ihren Verlust zu akzeptieren. Die entscheidende Frage ist, was in der virtuellen Welt kopiert und gespeichert wird – einzigartige Charaktereigenschaften, Schwächen, Reize oder nur eine Sammlung biografischer Daten, wie eine sehr detaillierte Form von Erinnerungsstücken? Da es hier kein substanzielles Selbst gibt, drängt sich die Frage auf, was genau in ein künstliches Medium kopiert werden würde. Es ist absehbar, dass es immer neue Erweiterungen und Spezialfälle von VR geben wird, und die Unterscheidung zwischen dem Realen und dem Virtuellen selbst ist reif für weitere philosophische Untersuchungen. (Metzinger/Madary) Ein Beispiel für eine solche spezielle, aktuelle Erweiterung der VR, die an sich keine eigenständige neue Kategorie bildet, ist die „Substitutionsrealität", bei der ein omnidirektionaler Video-Feed die Illusion vermittelt, man befinde sich an einem anderen Ort in Raum und/oder Zeit, wobei die Einsicht möglicherweise nicht erhalten bleibt. VR-Headsets könnten ein nahtloses Umschalten und Wandern zwischen virtueller, erweiterter und substitutioneller Realität ermöglichen. Daher könnte es notwendig sein, eine Art Wasserzeichen zu etablieren, um den eigenen Standort auf dem Kontinuum der Realitäten zu sichern, insbesondere im Hinblick auf immersive Umgebungen, die realistisch sind und unter die Kategorie „Substitutionsrealität" fallen.

Metzinger und Madary fordern keine generelle Einschränkung der Freiheit des Einzelnen, Zeit (und Geld) in VR zu verbringen; ihre Argumentation folgt der Linie, dass solche Regelungen auf rationalen Argumenten und verfügbaren empirischen Beweisen beruhen müssen (zumindest in demokratischen Gesellschaften) und von einem allgemeinen Prinzip des Liberalismus geleitet sein sollten. Im Prinzip sollten die Freiheit und Autonomie des einzelnen Bürgers im Umgang mit seinem eigenen Gehirn und bei der Wahl seiner eigenen gewünschten Geisteszustände (einschließlich aller phänomenalen und kognitiven Eigenschaften) maximiert werden.

Wir würden sogar für ein verfassungsmäßiges Recht auf psychische Selbstbestimmung plädieren (Bublitz und Merkel, 2014), das die Befugnisse der Regierung in gewisser Weise einschränkt, denn die oben genannten Werte der individuellen Freiheit und psychischen Autonomie scheinen für die Idee einer liberalen Demokratie mit Gewaltenteilung absolut grundlegend zu sein. Sobald jedoch ein solcher allgemeiner Grundsatz klar formuliert ist, besteht die weitaus interessantere und anspruchsvollere Aufgabe darin, den Einzelnen bei der intelligenten Ausübung dieser Freiheit zu unterstützen, um mögliche negative Auswirkungen und die psychosozialen Gesamtkosten für die Gesellschaft als Ganzes zu minimieren (Metzinger, 2009a; Metzinger und Hildt, 2011). Neue Technologien wie VR eröffnen einen riesigen Raum möglicher Aktionen. Dieser Raum muss auf rationale und evidenzbasierte Weise eingegrenzt werden.

Ein zentrales Ergebnis der modernen experimentellen Psychologie ist, dass menschliches Verhalten durch externe Faktoren stark beeinflusst werden kann, ohne dass sich der Handelnde dieses Einflusses bewusst ist. Das Verhalten ist kontextabhängig und der Geist ist plastisch, d. h. er ist in der Lage, durch eine Vielzahl von kausalen Faktoren kontinuierlich geformt und neu geformt zu werden. Diese Ergebnisse, von denen wir im Folgenden einige vorstellen, legen nahe, dass unsere Umwelt, einschließlich der Technologie und anderer Menschen, einen unbewussten Einfluss auf unser Verhalten hat. Die Ergebnisse stehen jedoch nicht im Widerspruch zu der offenkundigen Tatsache, dass die meisten von uns im Laufe der Zeit relativ stabile Charaktereigenschaften aufweisen. Schließlich verbringen die meisten von uns ihre Zeit in relativ stabilen Umgebungen. Und es mag viele Aspekte der funktionalen Architektur geben, die dem neurologisch realisierten Teil des menschlichen Selbstmodells zugrunde liegen [z.B. des Körpermodells in unserem Gehirn, z. B. Metzinger (2003), S. 355].

Ob physisch oder virtuell, menschliches Verhalten ist stets konkret situiert und sozial kontextualisiert. Wir sind uns oft nicht bewusst, welchen kausalen Einfluss diese Tatsache auf Lernmechanismen sowie auf das aktuelle Verhalten hat. (Metzinger, 2009) Es ist plausibel anzunehmen, dass dies auch auf neuartige Medienumgebungen zutrifft. Wichtig ist, dass VR im Gegensatz zu anderen Medienformen eine Situation schaffen kann, in der die gesamte Umgebung des Nutzers von den Machern der virtuellen Welt bestimmt wird, einschließlich „sozialer Halluzinationen“, die durch fortschrittliche Avatar-Technologie hervorgerufen werden. Im Gegensatz zu physischen Umgebungen können virtuelle Umgebungen schnell und einfach verändert werden, um das Verhalten zu beeinflussen. Der umfassende Charakter von VR und die Möglichkeit der globalen Kontrolle von Erlebnisinhalten eröffnen neue und besonders mächtige Formen der mentalen und Verhaltensmanipulation, insbesondere wenn kommerzielle, politische, religiöse oder staatliche Interessen hinter der Schaffung und Aufrechterhaltung der virtuellen Welten stehen. (vgl. ebd.)

Konklusionen

„Es wird immer schwieriger zu sagen, wo ich aufhöre und wo der Computer beginnt. In Zukunft wird das Smartphone wahrscheinlich gar nicht mehr von uns getrennt sein. Es könnte in unseren Körper oder unser Gehirn eingebettet sein und ständig unsere biometrischen Daten und unsere Emotionen scannen."

(Yuval Noah Harari,
Keynote auf dem Fast Company European Innovation Festival)

„Sogar zwei der intimsten Besitztümer der Menschheit – das Selbstgefühl und das Körperbild – sind fließende, hochgradig veränderbare Schöpfungen des schelmischen Einsatzes von Elektrizität und einer Handvoll Chemikalien durch das Gehirn. Sie können sich beide in weniger als einer Sekunde verändern oder verändert werden."

(Miguel Nicolelis)

„Das Gehirn erwacht und mit ihm kehrt der Geist zurück. Es ist, als ob die Milchstraße in einen kosmischen Tanz eintritt. Schnell wird die Kopfmasse zu einem verzauberten Webstuhl, in dem Millionen blinkender Schiffchen ein sich auflösendes Muster weben, immer ein bedeutungsvolles Muster, wenn auch nie ein beständiges; eine sich verändernde Harmonie von Teilmustern."

(Sir Charles Sherrington)

Die Implikationen von Gehirn-Computer-Schnittstellen sind in der Tat verblüffend. Von den medizinischen Lösungen zur Steuerung von Exoskeletten über die riesigen simulierten Welten der Spieleindustrie bis hin zur Erforschung der Galaxie mit Hilfe von ferngesteuerten Raumschiffen gibt es nicht viel, was BCI nicht leisten können. Doch so breit wie das Spektrum der BCI-Anwendungen ist, so vielfältig sind auch die möglichen Ergebnisse, die sich aus ihrem Einsatz ergeben können. Von der Rettung von Komapatienten bis zur Etablierung einer Zweiklassengesellschaft, von der Wiederherstellung des Gehvermögens von Gelähmten bis zu gehackten Gehirnen

– BCIs können sich buchstäblich als Segen oder Fluch erweisen. Während es das Ziel der Ethik ist, jedes Ergebnis zu vermeiden, das einem Fluch ähnelt, sind diese Ergebnisse reine Zufälle: nicht notwendig, aber auch nicht unmöglich.

Brücken, die Proteine mit Silizium verbinden, sind eine vielversprechende Wendung in der langen Erfolgsgeschichte der vielseitigsten und fortschrittlichsten Werkzeugmacher der Evolution – uns Menschen. Auch ihr Entstehen ist (wie das unsrige) völlig kontingent. Die Genese war weder unmöglich noch notwendig. In diesem Zusammenhang stellt Nicolelis fest:

> „Die besondere Reihe von Zufälligkeiten, die die Entwicklung des menschlichen Gehirns bestimmt haben, wird vielleicht nie wieder irgendwo im Universum vorkommen. Ein siliziumbasiertes Bewusstsein, sollte es jemals entstehen, wird sich mit ziemlicher Sicherheit auf eine Art und Weise manifestieren, die sich von unserer menschlichen Version stark unterscheidet." (Nicolelis, 2011, S. 302)

Wie es scheint, wird sich die Einzigartigkeit nicht unbedingt auf biologische Individuen beschränken, sondern könnte auch auf künstliche Formen der Kognition ausgedehnt werden.

Eine kurze Geschichte der Intelligenz

Der Mensch war seit jeher der ultimative Werkzeugmacher. Vom Faustkeil zum Rad, vom Pflug zum Schwert, vom Schiff zum Flugzeug nahm die Menschheit die eigene Evolution selbst in die Hand. Dabei war der Mensch nie ein Spezialist, sondern höchstens spezialisiert auf Adaption. Mittlerweile deutet alles darauf hin, dass hierdurch die unangefochtene Vormachtstellung des Homo Sapiens begründet wurde. Denn der „weise Mensch", wie sich unsere Spezies wenig bescheiden selbst benannte, verfügte weder über die schärfsten Krallen noch das stärkste Gebiss. Was den Menschen von allen anderen Mitgeschöpfen aber unterschied, war seine einzigartig vielseitige Intelligenz.

Schließlich schuf sich der Mensch intelligente Werkzeuge. Zuerst in Form von Computern, dann mit künstlicher Intelligenz. Das Potenzial dieser neuartigen Werkzeuge erschien schon in ihren frühesten Formen so vielversprechend, dass sich der Mensch vorstellen konnte, wie sich diese Werkzeuge selbst weiterentwickelten. Ganz ähnlich, wie auch der Mensch von jeher danach drängte, sich selbst zu optimieren. Doch je besser der Mensch im Werkzeugbauen wurde, desto mehr wurde er auch von seinen Werkzeugen beeinflusst. Der Medienphilosoph Marshall McLuhan warnte uns einst, dass wir eines Tages von den Werkzeugen, die wir geformt haben, selbst geformt werden könnten. Doch ist das nicht schon längst der Fall? Und werden wir wirklich nur geformt, oder in Wahrheit längst verformt und dazu gezwungen, uns nach illusionären Vorbildern zu gestalten?

Sieht so wirklich das Los des Homo Sapiens aus? Der freie Wille wurde längst als Illusion enttarnt; aufgespannt zwischen Biologie, sprich Genetik, und Umwelt, sprich Prägung, wird die Entscheidungsfreiheit des Menschen nur noch durch den Faktor Zufall am Leben erhalten. Nun fällt auch diese letzte Bastion des Liberalismus, denn recommender systems empfehlen uns nicht nur das nächste Buch und den nächsten Film, sondern bisweilen auch schon den nächsten möglichen Lebenspartner. Das Individuum hingegen verschwindet in der Masse, von der es geradezu demiurgisch geformt und gestaltet wird.

Das Selbst steht nicht erst jetzt unter Verdacht, ebenfalls eine traditionsreiche Täuschung zu sein. Bereits der altindische Mystiker Nāgārjuna zweifelte am Subjekt. Im Kern von Nāgārjunas Buch steht die Annahme, das nichts in sich selbst existieren und völlig unabhängig von allem anderen sein könnte. Nāgārjuna beantwortete die Frage, ob „ich" existiere, wenn ich einen Stern beobachte, mit „nein". Wer also beobachtet den Stern? Niemand! Das „Ich" ist für Nāgārjuna nichts weiter als eine verwobene Menge von Phänomenen, die die Illusion des Selbst konstituieren und sich dabei jeweils auf etwas anderes beziehen.

Der Mensch musste durch die Errungenschaften der Wissenschaft eine Kränkung nach der anderen hinnehmen: die Sonne kreist nicht um uns, wir sind nicht die Krone der Schöpfung, sondern hochintelligente Tiere, und nun haben wir, wie es aussieht, weder ein Selbst noch einen wirklich eigenen Willen. Somit ist der Mensch mehr denn je zutiefst verunsichert über sich selbst, denn es wirkt so, als ob mit jeder Erkenntnis die Grenzen des Nicht-Wissens hervortreten würden. Schließlich verstehen wir weder unser Bewusstsein noch unser Gehirn, und je weiter wir es erforschen, desto größer scheint die Verwirrung zu werden. Doch wie wirkt sich unser Mangel an Verständnis aus, wenn wir versuchen, unser Gehirn auf technologische Weise nachzubauen?

Im Zusammenhang mit künstlicher Intelligenz ist es vor allem von Bedeutung, biologische Intelligenz von KI abzugrenzen. Menschliche Intelligenz ist zwar nicht allgemeingültig definiert, aber es gibt grundlegende Unterschiede zur Maschinenintelligenz. Der Mensch ist, wie wir eindrucksvoll gesehen haben, in der Lage, aus einem *Minimum* an Informationen ein *Maximum* an relevanten Schlüssen zu ziehen. Beispielsweise wurde die Information, dass Reibung Hitze erzeugt, mit der Information gekoppelt, dass manche Materialien die so entstandene Hitze besser abgeben können als andere. So wurde das Feuer entdeckt, was gewissermaßen der Startschuss der beispiellosen Entwicklung unserer Spezies war. Maschinenintelligenz funktioniert jedoch im Kern fundamental anders. Durch überlegene Fähigkeiten im Bereich der Mustererkennung können intelligente Maschinen die Nadel im Heuhaufen finden. Also ist ihre Domäne, aus einem *Maximum* an Informationen ein *Minimum* an relevanten Schlüssen zu finden.

Diese gegensätzlichen Formen von Intelligenz können sich aber komplementär ergänzen. Dies sollte unser mittelfristiges Ziel sein. Denn damit würden beide Intelligenzformen zu mehr als der Summe ihrer jeweiligen Anteile. Transhumanisten sehen in der Verschmelzung von Mensch und Maschine die ultimative Selbstoptimierung und den perfekten Hybriden, während Technikskeptiker in diesen Hybdriden Bastarde sehen, die das Ende der Menschheit einläuten könnten. Welche Seite hat nun Recht? Das hängt zum einen von Definitionen ab, zum anderen von der Art und Weise der Technikanwendung.

Ein uralter Traum der Menschheit ist es, die natürlichen Grenzen unserer Biologie hinter sich zu lassen, uns zu optimieren und uns so auf ein höheres Leistungsniveau zu bringen, sei es in körperlicher oder kognitiver Hinsicht. Technik war und ist das Mittel zum Zweck, um diesen Traum zu beflügeln. Und auch unser Verstand steht auf der langen Liste der menschlichen Fähigkeiten, die es zu optimieren gilt. So werden an künstliche Intelligenz hohe Erwartungen, aber auch fast mythologische Vorstellungen geknüpft. Der US-amerikanische Dokumentarfilmer und Autor James Barrat hat in seinem Bestseller „Our Final Invention“ die Vermutung geäußert, dass der Mensch mit der künstlichen Intelligenz seine letzte Erfindung auf die Welt gebracht haben könnte. Im positiven Fall, weil alle zukünftigen Erfindungen durch KI geregelt würden, im negativen Fall, weil der Mensch dann durch eben diese KI völlig entmachtet wäre.

Das Science-Fiction-Genre – sei es in der Literatur oder im Film – hat dabei der Suche nach der Wahrheit ungewollt einen Bärendienst erwiesen. Zum einen erschweren die Visionen der Science-Fiction-Propheten, die sich abzeichnenden Entwicklungen ernst zunehmen, da diese einst als Teil der phantastischen Literatur oder des Films gekennzeichnet und damit ins Reich der Illusion verwiesen wurden. Zweitens schuf dieses Genre Tropen, die bis heute unsere Interpretation von künstlicher Intelligenz und Robotik leiten. So wird zum Beispiel häufig angenommen, dass eine KI ab einem bestimmten Intelligenzniveau (das in der Regel dem des Menschen entspricht) automatisch eine Form von Bewusstsein entwickeln wird. Dieser Trugschluss wird durch die ausgeprägten Fähigkeiten zur Mustererkennung und die daraus resultierenden manipulativen Fertigkeiten begünstigt. Mit anderen Worten: Je weiter eine KI fortgeschritten ist, desto besser wird sie in der Lage sein, Bewusstsein – oder das, was wir dafür halten – zu simulieren, was für den Menschen eine echte Herausforderung darstellt. Damit wir uns nicht falsch verstehen: Dieses Problem ist bereits aufgetreten. Konversationsfähige KI wie die App „Replica“ sind darauf ausgelegt, auf täuschend menschliche Weise zu schreiben, und werden darin immer besser werden. Das liegt ganz einfach daran, dass jede KI trainiert wird, indem sie in menschliche Interaktionen eingebettet wird. Aber die körperlosen Bots sind nur die Vorhut. Androiden werden die menschliche Rationalität noch mehr herausfordern, indem sie den Prozess der Unterscheidung viszeraler und zugleich unheimlicher machen. Nur weil ein Androidenroboter extrem menschenähnlich aussehen kann, heißt das aber noch lange nicht, dass er menschliche Eigenschaften hat. Vor allem keine Emotionen, keine intrinsischen Ziele und keine Leidensfähigkeit. Aber genau hier entstehen die Missverständnisse und Fehlinterpretationen, denn der Mensch geht immer von sich selbst aus, und je ähnlicher eine Technologie dem Menschen wird, desto größer ist die daraus resultierende Verwirrung.

Generell ist der Mensch in dieser entstehenden Symbiose gefordert, denn er verfügt über Geist und Individualität und hat es mit Modellen zu tun – im Falle der humanoiden Roboter im Wesentlichen mit Modellen seiner selbst. Die selbstbewusste Maschine stellt also vorerst keine Bedrohung dar; die wahre Bedrohung geht von unserer Tendenz zum Anthropomorphisieren der Technik aus. So hat sich zwischen Alarmismus und Optimismus inzwischen ein breites Spektrum von Ängsten und Hoffnungen aufgefächert. Optimisten wie der Transhumanist Ray Kurzweil oder der austro-kanadische Robotiker Hans Moravec sind davon überzeugt, dass wir in einer friedlichen und fruchtbaren Koexistenz mit unseren „Geisteskindern" leben können. Skeptiker wie Nick Bostrom oder Elon Musk befürchten hingegen, dass eine starke KI zu Kontrollproblemen führen könnte, die unsere gesamte Spezies ihre Vorherrschaft kosten könnten. Doch liegt die Wahrheit irgendwo in der Mitte, oder liegen die Vertreter der extremen Standpunkte richtig?

Eine medizinische Anwendung, die sich bereits in der Experimentierphase befindet, ist die Steuerung eines Exoskeletts über eine Gehirn-Computer-Schnittstelle, die die neuronalen Bewegungsmuster aus dem menschlichen Gehirn extrahiert und auf das Exoskelett überträgt: „Maßgeschneiderte Neurochips, die es uns ermöglichen, die elektrischen Muster des Gehirns in Signale zu konditionieren und zu verarbeiten, die das Exoskelett steuern können, werden dauerhaft in den Schädel implantiert." (Nicolelis, 2011, S. 303) Rund zehn Jahre nach den Ausführungen von Nicolelis gibt es erhebliche Fortschritte beim Projekt, Gehirne mit mechanischen Gliedmaßen zu verbinden, aber noch nicht genug, um eine nachhaltige Lösung für die Millionen von Menschen zu finden, die ihre Gehfähigkeit verloren haben. Die von einem BMI ausgelesene motorische Kontrolle widerspricht jedoch der jahrhundertealten Sichtweise der lokalisierbaren funktionellen Hirnarchitektur, da die Schnittstelle Ströme neuronaler Aktivität extrahiert, die räumlich über das gesamte Gehirn verteilt sind und viele verschiedene Hirnareale verbinden.

> „Das BMI-gesteuerte Exoskelett erfordert eine neue Generation von Mikroelektrodenwürfeln mit hoher Dichte, die sicher in das menschliche Gehirn implantiert werden können und zuverlässige, langfristige und gleichzeitige Aufzeichnungen der elektrischen Aktivität von

> Zehntausenden von Neuronen liefern, die über mehrere Hirnareale verteilt sind. Um die BMI klinisch relevant und erschwinglich zu machen, müssen solche groß angelegten Hirnaktivitätsaufzeichnungen mindestens ein Jahrzehnt lang stabil bleiben, ohne dass eine chirurgische Reparatur erforderlich ist." (Nicolelis, 2011, S. 305)

Viele der technologischen Herausforderungen, die sich bei der Schaffung einer vollwertigen Protein-Silizium-Brücke stellen, die ihr Potenzial ausschöpft, sind komplexe neurologische Probleme, die oft mit Hilfe von Mathematik, Biologie und sogar Simulationen gelöst werden. Doch es gibt auch ganz alltägliche Probleme, die gelöst werden müssen:

> „Um das Risiko einer Infektion und einer Schädigung der Hirnrinde zu verringern, müssen diese Neurochips auch eine drahtlose Mehrkanaltechnologie mit geringem Stromverbrauch enthalten, die in der Lage ist, die kollektiven Informationen, die von Tausenden einzelner Gehirnzellen erzeugt werden, an eine tragbare Verarbeitungseinheit von der Größe eines modernen Mobiltelefons zu übermitteln." (ebd.)

Die gemessenen Neuronenpopulationen, die dem BMI zugeführt werden, sind räumlich über verschiedene kortikale und subkortikale Bereiche verteilt. Aus der umfangreichen neuronalen „Symphonie" werden kinetische und dynamische Bewegungsmuster extrahiert und zur Steuerung des Exoskeletts verwendet:

> „Nach dem derzeitigen Stand der Technik, der für die Steuerung eines solchen Geräts zur Verfügung steht, werden motorische Befehle hoher Ordnung, die vom Gehirn abgeleitet werden, mit lokalen elektromechanischen Schaltkreisen interagieren, die über das Exoskelett verteilt sind, um die Bogenreflexe des Rückenmarks zu imitieren. Auf diese Weise kann der Patient den Schrittzyklus einleiten, die Ganggeschwindigkeit anpassen und als Reaktion auf unerwartete Veränderungen des Geländes Haltungs- und Ganganpassungen vornehmen." (Nicolelis, 2011, S. 306)

Und – so bahnbrechend und auch gewagt es auch klingen mag – es besteht eine realistische Chance, diese Exoskelette in das hochgradig anpassungsfähige Körperbild integrieren und nach einer gewissen Anpassungsphase quasi Teil des phänomenalen Selbstmodells werden lassen zu können.

Während einige Schnittstellenanwendungen, wie die oben erwähnten BMI-gesteuerten Exoskelette, eher naheliegend und klar in ihrer Funktion definiert sind, sind andere eher futuristisch und kontingent in dem Sinne, dass ihre Entwicklung weder a priori unmöglich noch notwendig ist. Eine ziemlich ausgeklügelte Anwendung, die in die letztgenannte Kategorie fällt, ist zumindest aus der Fiktion weithin bekannt: die Möglichkeit, die eigene biologische Lebensspanne zu verlängern, indem man durch Lebenserinnerungen „spaziert“ (und diese Erinnerungen erneut durchlebt) oder neue Erfahrungen in simulierten Umgebungen macht, indem man einen fraktionierten Zeitmodus verwendet. Das heißt, wenn die nötige Rechenleistung zur Verfügung steht, kann das Subjekt sich Wochen, Monate oder sogar Jahre in seinem internen phänomenalen Selbstmodell erleben, während es nur einen Bruchteil dieser Zeit in der äußeren Realität verbracht hat; möglicherweise sogar nur ein paar Sekunden.

Je größer die Diskrepanz zwischen subjektiv erlebter und objektiv verbrachter Zeit wird, desto weitreichender sind natürlich auch die Auswirkungen und Anwendungsmöglichkeiten. Man stelle sich vor, man könnte eine zweiwöchige Reise auf die Bahamas (oder ein anderes gewünschtes Ziel) bequem in die tägliche 30-minütige Mittagspause einbauen. Oder, weniger hedonistisch und dramatischer, die subjektiv empfundene Lebensspanne eines todkranken Menschen um mehrere Jahre verlängern, während die Person in Wirklichkeit nur noch Wochen oder sogar Tage zu leben hat. Andererseits könnte, wie in der Einleitung erwähnt, ein Verurteilter eine lebenslängliche Strafe (sogar mehrere lebenslängliche Strafen) verbüßen, während die Person nur um einige Stunden gealtert ist. Letztlich geht es um das Verhältnis von Zeitskalen, die uns eine Vielzahl von nützlichen oder auch unerwünschten Anwendungen ermöglichen. Schließlich würden wir das Mehrfache eines normalen Lebensgedächtnisses in einem biologischen Gehirn speichern, was das Gehirn zwangsläufig irgendwann zu hundert Prozent „auffüllen“ könnte. Spätestens dann müsste die Speicherung von Erinnerungen ausgelagert und möglicherweise in einer Cloud verteilt werden.

Im Grunde genommen wird dieses Konzept Gehirn-Computer-Schnittstellen und virtuelle Realität miteinander verweben. Dies kann insofern problematisch sein, als die VR-Technologie letztlich nicht nur unser allgemeines Menschenbild, sondern auch unser Verständnis von tief verankerten Begriffen wie „bewusste Erfahrung“, „Selbst“, „Authentizität“ oder „Echtheit“ verändern wird. (vgl. Madary/Metzinger, S. 1) Darüber hinaus wird sie die Struktur unserer Lebenswelt verändern, völlig neue Formen alltäglicher sozialer Interaktionen hervorbringen und das Verhältnis zu unserem eigenen Geist verändern. (ebd.) Kurzum, es wird eine komplexe und dynamische Interaktion zwischen „Normalität“ (im deskriptiven Sinne) und „Normalisierung“ (im normativen Sinne) geben, und es ist schwer vorherzusagen, wohin der Gesamtprozess uns führen wird (Metzinger/Hildt, 2011).

Einige der ethischen Herausforderungen, die sich aus der geplanten Verwendung von BCIs ergeben, sind ziemlich klar und offensichtlich, während andere nach dem derzeitigen Stand der Technik nicht absehbar sind. So dürfen die Auswirkungen der Diskrepanz zwischen der wahrgenommenen und der objektiv investierten Zeit, die durch die brachiale Kraft künftiger Supercomputer ermöglicht wird, nicht übersehen oder unterschätzt werden. Einer der Hauptgründe dafür ist, dass ein ausreichend großer Vorsprung zugunsten der subjektiv wahrgenommenen Zeit riskantere Technologien zur Lebensverlängerung wie die Emulation des gesamten Gehirns obsolet machen würde. Sobald die Rechenleistung einen bestimmten Schwellenwert überschreitet, wird die Diskrepanz der Zeitskalen in Dimensionen wachsen, die den Möglichkeiten der Ganzhirn-Emulation entsprechen, ohne das „Klonproblem“ und alle damit verbundenen philosophischen Fragen. Eine auf die Spitze getriebene, gebrochene Zeit würde das subjektive Gefühl der Ewigkeit vermitteln, vorausgesetzt, die Diskrepanz zwischen wahrgenommener und realer Zeit ist ausreichend. Und das Individuum bliebe unverändert, da es keinen Übergang von Protein zu Silizium gäbe, sondern nur eine nahtlose Symbiose, die die oben genannten Effekte ermöglicht. Auf der anderen Seite könnte die gebrochene Zeit unweigerlich zu schwerwiegenden Dissoziationen und Unvereinbarkeiten mit der grund legenden Realität führen, da die Zeit im Vergleich zu den reichhaltigen und scheinbar endlosen zugänglichen Welten innerhalb oder außerhalb des eigenen Geistes, ob durch Simulationen, virtuelle Welten oder die Erinnerungen des Individuums selbst gefördert, so langsam vergeht.

Aber vielleicht noch wichtiger für unsere Zwecke sind die Belege dafür, dass das Verhalten in der virtuellen Umgebung einen dauerhaften psychologischen Einfluss haben kann, nachdem die Probanden in die physische Welt zurückgekehrt sind. Hershfield et al. (2011) fanden heraus, dass Probanden, die in Avataren verkörpert waren, die wie gealterte Versionen ihrer selbst aussahen, dazu neigten, mehr Geld für ihren Ruhestand auszugeben, nachdem sie die virtuelle Umgebung verlassen hatten. Rosenberg et al. (2013) ließen Probanden Aufgaben in einer virtuellen Stadt erledigen. Die Probanden durften entweder mit einem Hubschrauber oder durch ihre eigenen Körperbewegungen wie Superman durch die Stadt fliegen. Sie fanden heraus, dass Probanden, denen die Superkraft verliehen wurde, danach eher altruistisches Verhalten zeigten. (siehe Metzinger/Madary) Andererseits muss man sich fragen, welche psychologischen Nebenwirkungen solche Verfahren haben könnten. Könnten sie den Wert der eigenen Existenz eher verstärken oder – ganz im Gegenteil – den Wert des Augenblicks abwerten, weil man ihn mehrfach erleben kann? Was bedeuten die Folgen der Zeitskalen für den individuellen Geist? Aus den Fugen geraten, wäre die Zeit tatsächlich als relativ wahrnehmbar, und zwar auf sehr greifbare Weise.

Die große Frage dabei ist, dass wir einfach nicht wissen, welche Auswirkungen ein Ausflug in der Mittagspause in eine längst vergessene Jugendepisode oder in einen glücklicheren Lebensabschnitt haben könnte. Es könnte, gelinde gesagt, geradezu verstörend sein, die eindringlichen Erinnerungen an eine vollständige, längst vergangene Lebensepisode hinter sich zu lassen, um den profanen Arbeitsalltag nach der Mittagspause fortzusetzen. Um solche Erlebnisse zu schützen, könnte es zwingend erforderlich sein, sich auf eine Art „Trip-Watcher“ zu verlassen, ähnlich wie es bei LSD- oder „Magic Mushroom“-Trips üblich ist. Das Konzept des luziden Träumens könnte in der Idee der kontrollierten Gedächtnistrips eine völlig neue und leistungsfähige Inkarnation finden. Die entscheidenden Fragen sind, wie viel unterschiedliche Zeitskalen und „Gedächtnissprünge“ der Verstand verkraften kann, wie unser biologisches Gehirn es schafft, lebendig und freiwillig mit Lebenserinnerungen konfrontiert zu werden, und schließlich, wie das Gehirn den Unterschied zwischen geführten Erinnerungsbesuchen und dem gegenwärtigen Leben erkennen kann.

Letzteres ist auch aus der veränderten Realität von Träumen bekannt. Je länger die erzählte Zeit im Traum dauert, desto mehr ist der Träumer davon überzeugt, dass es sich um die Realität und nicht um einen Traum handelt. Interessant ist in diesem Zusammenhang, dass diese sehr immersiven Träume während der kurzen REM-Phasen (rapid eye movement) stattfinden, in denen der Schlaf seinen tiefsten Zustand erreicht hat. Die REM-Phasen sind jedoch oft nur wenige Minuten lang, manchmal sogar nur einige Sekunden. Mit anderen Worten: Das Konzept der gebrochenen Zeit ist bereits in der Welt und für jeden zugänglich, der sich an seine Träume erinnern kann. Jeder immersive Träumer weiß jedoch, wie schwierig, langsam und manchmal sogar schmerzhaft es ist, zu akzeptieren, wieder in der Basisrealität zu sein und gleichzeitig zu akzeptieren, dass es „nur ein Traum" war. Daher werden die Übergangsphasen von unmittelbarer Bedeutung sein, und es könnte sogar notwendig sein, über eine objektive Markierung – wie ein Wasserzeichen – nachzudenken, die den „verwirrten Träumer" daran erinnert, sich derzeit nicht in der Basisrealität zu befinden. Auf einer anderen Ebene könnten sogar Gedächtnisinhalte extrahiert, in eine simulierte virtuelle Realität geladen und verändert werden. Dies verspricht ein fruchtbares Verfahren für die Traumatherapie oder für bereuende Entscheidungen in der Vergangenheit des Einzelnen zu sein. Allerdings wird es, wie wir gesehen haben, sehr schwierig sein, aus der Ersten-Person-Perspektive eine so genannte informierte Zustimmung zu erteilen.

Die transhumanistische Wende

Auch wenn einige der Kritikpunkte wohlverdient sind, ist eine der Hauptideen des Transhumanismus ebenso wichtig wie edel. Konkret handelt es sich dabei um die Idee, menschliches Leid durch den Einsatz digitaler Technologie zu verringern, was natürlich unbestreitbar ein unterstützenswertes Ziel darstellt. Und all jene, die transhumanistische Ideen immer noch als Spinnerei abtun, sollten bedenken: mit dem geregelten Einsatz der besagten Technologie könnten Millionen, vielleicht sogar Milliarden von Leben gerettet oder deren Lebensqualität verbessert werden. Dies führt zu einer recht heiklen Dilemma-Situation, die uns gewissermaßen ethisch dazu zwingt, die transhumanistische Forschung aufrechtzuerhalten. Andernfalls hieße es, die lebensrettenden Möglichkeiten zu ignorieren, die sich durch die denkbare Vielzahl von Anwendungen von BCIs oder BMIs ergeben. Eine kurze Anmerkung zur Präzisierung des transhumanistischen Kontextes: Es ist selbstverständlich, dass die BCI/BMI-Technologie zu den transhumanistischen Technologien zählt, da sie eindeutig darauf abzielt, einige der Einschränkungen des biologischen Menschen zu beseitigen.

Generell ist die Forschung in allen medizinbezogenen Bereichen ihre Finanzierung wert und verdient mehr Geld. Letzteres liegt einfach daran, dass einige Durchbrüche von der finanziellen Macht abhängen, die sie unterstützt. Ähnlich wie bei der „brute strength" der Supercomputer, bei denen schiere Rechenleistung Probleme lösen kann, ohne zuvor einen konzeptionellen Durchbruch erzielen zu müssen, kann Geld den Fortschritt erzwingen. Und besonders im medizinischen Bereich bedeutet jeder wesentliche Fortschritt die Rettung von Leben. Unter sorgfältiger Überwachung durch Ethikkommissionen und noch zu etablierende fortschrittliche Kontrollmechanismen besteht die Hoffnung, diesen Sektor, der die Brücke zwischen Protein und Silizium bildet, zu einer stabileren Konstruktion im Allgemeinen beitragen zu lassen; und dies gilt sowohl in metaphorisch-statischer als auch ganz konkret in ethischer Hinsicht. Da es sich bei der Medizin um einen potenziell lebensrettenden Bereich handelt, ist es besonders wichtig, einen interdisziplinären Austausch von Wissenschaftlern aller relevanten Bereiche zu fördern.

Ultimative Rationalitätsmaschinen

Die scheinbar grenzenlose Rationalität der KI öffnet Türen für alle möglichen anderen Anwendungen. Von politischen Beratern bis hin zu digitalen CEOs gibt es kaum etwas, was KI heute nicht schon getan hat. Die Automatisierung wird ganze Märkte umgestalten und ein völlig neues Maß an Effizienz bieten. In einem solchen Ökosystem werden nur noch Humanressourcen wettbewerbsfähig bleiben, die durch BCI/BMI-Technologie augmentiert werden. Es ist nicht einmal notwendig, dass die Schnittstellen zu Mainstream-Produkten wie Laptops, Tablets oder Smartphones werden. Denn die Automatisierung und die Schnittstellentechnologie greifen die menschliche Arbeitskraft an und eliminieren sie wie eine zweischneidige Zange. Während die Automatisierung viele, viele Arbeitsplätze vernichten und die menschlichen Arbeitskräfte entweder durch digitale Werkzeuge oder physische Roboter ersetzen werden, versprechen Schnittstellentechnologien hochgradig adaptives Lernen und damit einen beispiellosen Vorteil in einer Welt, die optimale und sofortige Anpassung verlangt. Der nun inkompatible und inkompetente biologische Mensch könnte sich nicht nur als Bürger zweiter Klasse, sondern wahrscheinlich als Ausgestoßener erleben. Die letzte verbleibende Chance, den daraus resultierenden Klassenkonflikt zu überleben, könnte darin bestehen, das zu tun, was nur nicht-augmentierte Menschen tun können. Es wird jedoch zu definieren sein, welche Fähigkeiten für die nicht-augmentierten Mitglieder unserer Spezies verbleiben können. Die ethischen Fragen und anthropologischen Herausforderungen, die BCIs/BMIs aufwerfen, sind ebenso tiefgreifend wie vieldeutig: Wie würde es sich auf eine Persönlichkeit auswirken, plötzlich und dauerhaft mit einer Art fortgeschrittener KI verwoben zu sein? Wird das Ergebnis eine neue Art von Wesen sein, ein unbekannter Geist, eine Chimäre aus Mensch und Maschine im größtmöglichen zerebralen Sinne? Wie können wir sicherstellen, dass ein erweiterter Geist niemanden aus dem Wettbewerb verdrängt? Und schließlich: Wie werden sich die Schöpfungsvorstellungen (und die damit verbundenen religiösen Vorstellungen) verändern, wenn wir anfangen, künstliches Leben zu erschaffen, das in Form von Roboterzellen, die alle wichtigen Anzeichen von lebenden Organismen aufweisen, Realität wird? Es liegt auf der Hand, dass diese Fragen nur mit vereinten Kräften und einem interdisziplinären Ansatz angegangen werden können.

Bibliographie

Monographien

Baranovska, Marianna/Höltgen, Stefan (Hg.): Hello, I'm Eliza. Fünfzig Jahre Gespräche mit Computern. Bochum/Freiburg: 2018

Barrat, James: Our Final Invention. New York: 2013

Baldwin, Richard: The Globotic Unheaval. Globalization, Robotics and the Future of Work. London: 2019

Block Hans, Moritz Riesewitz: Die digitale Seele. Unsterblich werden im Zeitalter Künstlicher Intelligenz. München: 2020

Bode, Alexander/Martin Pätzold: Wirtschaftswunder 4.0. Freiburg/Basel/Wien: 2016

Bostrom, Nick/Cirkovic, Milan (ed.): Global Catastrophic Risks. New York: 2008

Bostrom, Nick: Superintelligence. Paths, Dangers, Strategies. New York: 2014

Carnap, Rudolf: Formalization of Logic. Harvard: 1943

Carnap, Rudolf: Meaning and Necessity: A Study in Semantics and Modal Logic. Chicago: 1946

Carnap, Rudolf: Philosophical Foundations of Physics. New York: 1966

Chalmers, David: The Conscious Mind. Oxford: 1996

Chalmers, David: The Character of Consciousness. Oxford: 2010

Chalmers, David: Constructing the World. Oxford: 2012

Douglas, Mary/Wildavsky, Aaron: Risk and culture. An Essay on the Selection of Technological and Environmental Dangers. Berkeley/Los Angeles: 1982.

Frege, Gottlob: Über Sinn und Bedeutung. In: Zeitschrift für Philosophie und philosophische Kritik. Leipzig: 1892, S. 25-50

Friedrich, Orsolya: Persönlichkeit im Zeitalter der Neurowissenschaften. Eine kritische Analyse neurowissenschaftlicher Eingriffe in die Persönlichkeit. Bielefeld: 2013

Grünenberg, Reginald: Laws of Singularity. Berlin: 2016

Grünenberg, Reginald: You Are Many. The Polycentric Subject. Berlin: 2018

Harari, Yuval Noah: Homo Deus. Müßnchen: 2018

Harari, Yuval Noah: 21 Lektionen für das 21. Jahrhundert. München: 2019

Harari, Yuval Noah: Eine kurze Geschichte der Menschheit. München: 2011

Haven, Emmanuel/Andrei Khrennikow: Quantum Social Science. Cambridge: 2013.

Hölscher, Bert F.: Digitales Dilemma. Unternehmen im Spannungsfeld zwischen Effizienz und Innovation. Hamburg: 2017

Hofstetter, Yvonne: Das Ende der Demokratie. Wie die künstliche Intelligenz die Politik übernimmt und uns entmündigt. München: 2016

Indset, Anders: Quantenwirtschaft. Was kommt nach der Digitalisierung. Berlin: 2019

Kane, Robert/Fischer, John M./Kane, Robert/Pereboom, Derk/Vargas, Manuel: Four Views on Free Will. Malden/Oxford/Carlton: 2007

Lewis, Peter J.: Quantum Ontology. A Guide to the Metaphysics of Quantum Mechanics. New York: 2016

Lierfeld, Karl Johannes: Künstliche Superintelligenz und/oder Ethik. Utopien, Dystopien, Disruptionen. Bochum/Freiburg: 2019

Lierfeld, Karl Johannes: Lehrbuch Computer Science and Society
(International University. (E-Book): 2023

Metzinger, Thomas: Being No One. Cambridge (USA): 2003

Metzinger, Thomas: Der Ego-Tunnel. Cambridge (USA): 2009

Moravec, Hans: Mind Children. Der Wettlauf zwischen menschlicher und künstlicher Intelligenz. Hamburg: 1990

Moravec, Hans: Robot. Mere Machine to Transcendent. Oxford: 1999

Nagel, Thomas: Mind and Cosmos: Why the Materialist Neo-Darwinian Conception of Nature Is Almost Certainly False. New York: 2012

Nagel, Thomas: Mind and Cosmos: why the materialist neo-Darwinian conception of nature is almost certainly false. New York: 2012

Nagel, Thomas: Other Minds. Critical essays. 1969-1994. New York: 1999

Nagel, Thomas: The View from Nowhere. Oxford: 1986

Nassehi, Armin: Muster. Theorie der digitalen Gesellschaft. München 2019

Nicolelis, Miguel: Beyond Boundaries. The New Neuroscience of Connecting Brains with Machines – And How It Will Change Our Lives. London: 2011

Russell, Stuart: Human Compatible: Artificial Intelligence and the Problem of Control. New York: 2019

Sunstein, Cass: The Ethics of Nudging. Harvard: 2015

Walsh, Toby: 2062: Das Jahr, in dem die künstliche Intelligenz uns ebenbürtig sein wird. München: 2019.

Wendt, Alexander: Quantum Mind and Social Science: Unifying Physical and Social Ontology, Cambridge 2015
Williams, Bernard: Problems of the Self. New York: 2008
Wittgenstein, Ludwig: Tractatus Logico-Philosophicus. London: 1922

Essays und Artikel

Armstrong, Doree/Ma, Michelle: „Researcher controls Colleagues Motions in 1st Human Brain-to-Brain Interface". https://www.washington.edu/news/2013/08/27/researcher-controls-colleagues-motions-in-1st-human-brain-to-brain-interface (zuletzt aufgerufen am: 27.5.2023)
Bokkon, Istvan (2005). "Dreams and neuroholography: An interdisciplinary interpretation of development of homeotherm state in evolution". Sleep and Hypnosis. 7 (2): 47-62)
Ellrich, Lutz: *Beobachtung des Computers. Die Informationstechnik im Fadenkreuz der Systemtheorie*, IIG-Bericht, Freiburg 1995.
Ellrich, Lutz: „Die Realität virtueller Räume", in: R. Maresch (Hg.): *Räume und Macht*, Frankfurt a. M. 2002, S. 92-113.
Ellrich, Lutz: „Identitätskonzepte der neuen ‚digitalen Elite'", in: A. Hepp (Hg.): *Medienidentitäten*, Kiel 2003, S. 42-53.
Ellrich, Lutz: „Die ‚digitale Elite' als Impulsgeber für sozialen Wandel", in: A. Ziemann (Hrsg.): *Medien der Gesellschaft – Gesellschaft der Medien*, Konstanz 2006, S. 141-160.
Fatic, Aleksandar: The Ethics of Drone Warfare. January 2017 Filozofija i Drustvo 28(2):349-364 [DOI:10.2298/FID1702349F]
Friston, Karl J. et al.: A free energy principle for the brain. Journal of Physiology. Paris 100 (2006) p. 70-87
Friston, Karl J.: Functional and effective connectivity in neuroimaging: A synthesis. Human Brain Mapping / Volume 2, Issue 1-2 / p. 56-78, 1994
Forsdyke, D.R. (2009) "Samuel Butler and human long-term memory: Is the cupboard bare?". Journal of Theoretical Biology. 258 (1): 156-164)
Kotabe, Hiroki: Merging with Machines: A Look at Emerging Neuroscience Technologies. Oct 22, 2019
Macmillan, Malcolm B.: An Odd Kind of Fame: Stories of Phineas Gage. MIT Press (2000)

Macmillan, Malcolm: "Inhibition and Phineas Gage: Repression and Sigmund Freud" (2004) p. 181-192 In: Neuropsychoanalysis. An Interdisciplinary Journal of Psychoanalysis and the Neurosciences, Volume 6, 2004

Nicolelis et al.: Learning to Control a Brain–Machine Interface for Reaching and Grasping by Primates (2003)

Levine, Joseph: "Materialism and qualia: the explanatory gap." Pacific Philosophical Quarterly, 64: 354-361

Libet, Benjamin: "Unconscious Cerebral Initiative and the Role of Conscious Will in Voluntary Action", in: Behavioral and Brain Sciences 8 (1985), p. 529-566

Pribram, Karl: Transcending the mind/brain problem. Zygon 14 (June): 103-124. 1979

Pribram, K.H., Meade S. D. (1999). "Conscious awareness: Processing in the synaptodendritic web". New Ideas in Psychology. 17 (3): 205-214)

Ratiu, P.; Talos, *I. F.; Haker, S.; Lieberman, D.; Everett, P.* (2004). „The Tale of Phineas Gage, Digitally Remastered". Journal of Neurotrauma. 21 (5). 637-43

Soon, Chun Siong (u.a.): "Unconscious Determinants of Free Decisions in the Human Brain", in: Nature Neuroscience 11:5 (2008), p. 543-545

Steinert, Steffen/Friedrich, Orsolya: Wired Emotions: Ethical Issues of Affective Brain-Computer Interfaces; In: Science and Engineering Ethics volume 26, pages 351-367(2020)

Steinert, Steffen et al.: Doing Things with Thoughts: Brain-Computer Interfaces and Disembodied Agency. Steffen Steinert, Christoph Bublitz, Ralf Jox & Orsolya Friedrich. Philosophy and Technology 32 (3): 457-482 (2019)

Vidal, Jacques: "Toward Direct Brain-Computer Communication"; In: Annual Review of Biophysics and Bioengineering 2: p. 157-180; 1973

Wegner, Daniel: The Illusion of Conscious Will, Cambridge, MA 2002

Willett, F. R., Avansino, D. T., Hochberg, L. R., Henderson, J. M./Shenoy, K. V. *Nature* 593, 249-254 (2021).